"ධම්මෝ හි වාසෙට්ඨා, සෙට්ඨෝ ජනේතස්මිං
දිට්ඨේ චේව ධම්මේ, අභිසම්පරායේ ච."

වාසෙට්ඨයෙනි, මෙලොවෙහි ත්, පරලොවෙහි ත්
ජනයා අතර ධර්මය ම ශ්‍රේෂ්ඨ වෙයි !

- අග්ගඤ්ඤසූත්‍රය - භාග්‍යවත් බුදුරජාණන් වහන්සේ

නුවණ වැඩෙන බෝසත් කථා - 43

ජාතක පොත් වහන්සේ

(ගිජ්ඣ වර්ගය)

පූජ්‍ය කිරිබත්ගොඩ ඤාණානන්ද ස්වාමීන් වහන්සේ

© සියලුම හිමිකම් ඇවිරිණි.

ISBN : 978-955-687-178-4

ප්‍රථම මුද්‍රණය : ශ්‍රී බු.ව. 2562 දුරුතු මස පුන් පොහෝ දින

සම්පාදනය : මහමෙව්නාව භාවනා අසපුව
වඩුවාව, යටිගල්ඔළුව, පොල්ගහවෙල.
දුර : 037 2244602
info@mahamevnawa.lk | www.mahamevnawa.lk

පරිගණක අකුරු සැකසුම, පිටකවර නිර්මාණය සහ ප්‍රකාශනය :
මහාමේඝ ප්‍රකාශකයෝ
වඩුවාව, යටිගල්ඔළුව, පොල්ගහවෙල.
දුර : 037 2053300, 076 8255703
mahameghapublishers@gmail.com

මුද්‍රණය : තරංජී ප්‍රින්ට්ස්,
506, හයිලෙවල් පාර, නාවින්න, මහරගම.
ටෙලි: 011-2801308 / 011-5555265

නුවණ වැඩෙන බෝසත් කථා - 43

ජාතක පොත් වහන්සේ

(ගිජ්ඣ වර්ගය)

සරල සිංහල පරිවර්තනය

පූජ්‍ය කිරිබත්ගොඩ ඤාණානන්ද ස්වාමීන් වහන්සේ

MAHAMEGHA

ප්‍රකාශනයකි

පෙරවදන

ජාතක පොත් වහන්සේ ඔබ කියවලා ඇති. කුඩා අවධියේත්, පාසලේදීත්, සරසවියේත්, පන්සලේ බණ මඩුවේත්, වෙසක් නාඩගමේත් අපි ජාතක කථා රස වින්දෙමු. නමුත් එහි සැබෑ අරුත කුමක් දැයි තේරුම් ගන්නට අප සමත් වූ වගක් නම් නොපෙනේ.

'නුවණ වැඩෙන බෝසත් කථා' නමින් ඒ ජාතක කථා ඔබේම භාෂාවෙන් ඔබට කියවන්නට ලැබෙන්නේ එයින් ඉස්මතු වන අරුතත් සමඟිනි. මෙහි අරුත් දැන එම කථාවත් මතක තබා ගෙන සත්පුරුෂ ගුණධර්ම දියුණු කර ගන්නට මහන්සි ගන්නේ නම් එය ජාතක කථාවෙන් ඔබට ලැබෙන සැබෑම ප්‍රතිඵලයයි.

හැම දෙනාටම තෙරුවන් සරණයි!

මෙයට,
ගෞතම බුදු සසුන තුළ මෙත් සිතින්,
පූජ්‍ය කිරිබත්ගොඩ ඤාණානන්ද ස්වාමීන් වහන්සේ
ශ්‍රී බුද්ධ වර්ෂ 2560 ක් වූ වෙසක් මස 31 දා

මහමෙව්නාව භාවනා අසපුව
වඩුවාව, යටිගල්ඔළුව,
පොල්ගහවෙල.

පටුන

43. ගිජ්ඣ වර්ගය

1. **ගිජ්ඣ ජාතකය**
   අවවාදයට ගරු නොකොට විනාශ වූ
   ගිජුලිහිණියාගේ කතාව **09**
2. **කෝසම්බි ජාතකය**
   කොසඹෑ නුවරදී වදාළ කතාව **15**
3. **මහාසුක ජාතකය**
   ලොල් බව දුරු කොට සිටි ගිරා රාජයාගේ කතාව **24**
4. **චුල්ලසුක ජාතකය**
   ආහාර ලොල් බව අත්හල ගිරවාගේ කතාව **31**
5. **හාරිත ජාතකය**
   අයෝනිසෝ මනසිකාරයෙන් නොමග ගිය
   හාරිත තවුසාගේ කතාව **37**
6. **පදමාණවක ජාතකය**
   අහසේ තැබූ පියවර ලකුණ පවා දැනගත්
   කුමාරයාගේ කතාව **46**
7. **ලෝමසකස්සප ජාතකය**
   රාගයෙන් නොමග ගිය ලෝමසකස්සප
   තාපසයාගේ කතාව **71**
8. **චක්කවාක ජාතකය**
   සක්වාලිහිණියන්ගේ කතාව **83**
9. **හලිද්දිරාග ජාතකය**
   සායම් පෙවූ රාගය වැනි සිත් ඇති
   කෙනා ගැන කියූ කතාව **89**

10. සමුග්ග ජාතකය
   කරඩුවක ස්ත්‍රියක් තබා රැකගත් යක්ෂයාගේ කතාව .. 98
10. පුතිමංස ජාතකය
   කුණුමසා නමැති හිවලාගේ කතාව 107
10. තිත්තිර ජාතකය
   බෝසත් වටුවාගේ කතාව 115

නමෝ තස්ස භගවතෝ අරහතෝ සම්මාසම්බුද්ධස්ස
ඒ භාග්‍යවත් අර්හත් සම්මා සම්බුදුරජාණන් වහන්සේට නමස්කාර වේවා!

01. ගිජ්ඣ ජාතකය

අවවාදයට ගරු නොකොට විනාශ වූ ගිජුලිහිණියාගේ කතාව

පින්වතුනේ, පින්වත් දරුවනේ,

වැඩිහිටියන්ගේ අවවාදවලට ගරු නොකිරීම නිසා බොහෝ අය අකාලයේ විනාශ වෙනවා. පාසැලක වුණත් විනයක් තියෙන්නේ එහි සිසුසිසුවියන්ගේ යහපතට යි. නමුත් ඔවුන් විනයගරුක නොවුනහොත් ඒ නිසා ම විනාශ වෙනවා. දෙමාපියන්ගේ ගුරුවරුන්ගේ අවවාදවලට කීකරු නොවන අය විනාශ වීම හැමදාමත් දකින්ට ලැබෙනවා. බුදු සසුනේ පැවිදි වූ විට ආචාර්ය උපාධ්‍යායන් වහන්සේලාගේ වචනයට කීකරු විය යුතු ම යි. පැවිද්දන්ට යහපත සැලසෙන්නේ ඒ නිසා ම යි. නමුත් ආචාර්ය උපාධ්‍යායන්ගේ වචනය තුට්ටුවකට මායිම් නොකොට තම හිතුමතයේ කටයුතු කරන්ට යන පැවිද්දා ඒ නිසා ම විනාශයට පත් වෙනවා. බුද්ධ කාලයේත් එබඳු අවාසනාවන්ත පැවිද්දන් හිටියා. මේ එබඳු කතාවක්.

ඒ දිනවල අපගේ භාග්‍යවතුන් වහන්සේ වැඩ වාසය කොට වදාළේ සැවැත් නුවර ජේතවනයේ. ඔය

කාලයේ සැවැත් නුවර එක්තරා තරුණයෙක් නිවන් අවබෝධය සලසන බුදු සසුනෙහි දුර්ලභ පැවිදි බව ලබා ගත්තා. ඉතින් මේ නවක පැවිද්දාගේ යහපත කැමති ආචාර්ය උපාධ්‍යායන් විසිනුත් වැඩිහිටි සබ්‍රහ්මචාරීන් විසිනුත් නිතර අවවාද කළා.

"ආවුසෝ... ඔබ ගමන් බිමන් යා යුත්තේ මේ විදිහටයි. වටපිට බැලිය යුත්තේ මේ විදිහට යි. අත් පා හැකිලිය යුත්තේ, දිගහැරිය යුත්තේ මේ විදිහට යි. පා සිවුරු හැඳ පෙරවිය යුත්තේ මේ විදිහට යි. දන් පැන් පිළිගත යුත්තේ මේ විදිහට යි. පිළිගන්නා දානයේ පමණ දැනගත යුත්තේ මේ විදිහට යි. නිදිවැරිය යුත්තේ මේ විදිහට යි. පාන්දරින් අවදි විය යුත්තේ මේ විදිහට යි. ආගන්තුක වත්, සේනාසන වත් ආදිය කළ යුත්තේ මේ විදිහට යි....... දැන් ආවුසෝ, ඔබ මේ මේ ධුතාංගයන් සමාදන් විය යුතුයි..." යනාදී වශයෙන් අවවාද කරන්ට පටන් ගත්තා. එතකොට ඒ නවක භික්ෂුවට කේන්ති ගියා.

"හහ්... ඇයි වදේ මේ මාව ම සොය සොයා මට ම ටොකු ඇන ඇන මේක කරපන්, මේක කරපන්, මේක කරන්ට එපාය කිය කියා වද දෙන්නේ. ඇයි මට යහපත අයහපත තෝරා බේරා ගන්ට බැහැ ය කියල ද හිතන්නේ. ඔව්... මටත් පුළුවනි ඔය කියනා සෑම දෙයක් ම තෝරා බේරා ගන්ට. අනේ මයෙ පාඩුවෙ මට ඉන්ට දෙන්ට. අනික මං ඔබවහන්සේලාට අරක කරන්ට එපාය, මේක කරන්ට එපාය කියා කරදර කරන්නේ නෑ නොවැ."

භික්ෂූන් වහන්සේලාට මේ නවක පැවිද්දා ගැන මහත් සංවේගයක් හටගත්තා. දම්සභා මණ්ඩපයේදී මේ ගැන කතා කරමින් සිටියා.

"අනේ ඇවැත්නි, බලන්ට... දැන් අළුතින් පැවිදි වෙන ඇතැම් උන්නාන්සේලා වස් දෙක තුනක් යනකොට තමන්ව පැවිදි කළ ආචාර්ය උපාධ්‍යායන් ඉන්නවා ය, වැඩිහිටි සබ්‍රහ්මචාරීන් ඉන්නවා ය කියලවත් මතකයක් නෑ. හරීම උඩඟුයි. තමන්ට ඕන හැටියට ඉන්ටයි හිතන්නේ."

ඒ අවස්ථාවේ භාග්‍යවතුන් වහන්සේ එතැනට වැඩම කොට පණවා තිබූ අසුනේ වැඩ සිටියා. භික්ෂූන් වහන්සේලා තමන් කතා කරමින් සිටි කරුණ භාග්‍යවතුන් වහන්සේට සැළකලා. භාග්‍යවතුන් වහන්සේ ඒ භික්ෂුව කැඳවා මෙසේ අසා වදාළා.

"හැබෑද භික්ෂුව... ඔබ පැවිදි වූ මුල් කාලයේ වගේ කීකරුව ඉන්නේ නැත කියන්නේ? ආචාර්ය උපාධ්‍යායන්ට ගරු නොකරන, වැඩිහිටි සංඝයාගේ අවවාද නුරුස්සන කෙනෙක් කියන්නේ හැබෑද?"

"එහෙමයි භාග්‍යවතුන් වහන්ස."

"ඇයි භික්ෂුව, ඔබ නිවන් අවබෝධය සලසාලන මෙබඳු සාසනයක පැවිදි වෙලා එවැනි දුර්දාන්ත අයෙක් බවට පත් වුණේ. ඔබේ ම යහපත උදෙසා නොවැ ඒ හැම අවවාදයක් ම කොට තියෙන්නේ. භික්ෂුව, දැන් පමණක් නොවේ, ඉස්සරත් ඔබ නුවණැතියන්ගේ වචනයට ඇහුම්කන් නොදී තමන්ගේ හිතුමනාපයේ වැඩ කරන්ට ගොහින් වේරම්බ වාතයට හසුවෙලා අකාලයේ සුණු විසුණු වෙලා ගියා" කියා භාග්‍යවතුන් වහන්සේ මේ අතීත කතාව ගෙනහැර දක්වා වදාළා.

"මහණෙනි, ගොඩාක් ඉස්සර කාලෙක මහාබෝධිසත්වයෝ ගිජුලිහිණි යෝනියේ ඉපදිලා

ගිජ්ඣකූට පර්වතේ වාසය කළා. මේ ගිජුලිහිණියාට සුපත්ත නමින් පුත්‍ර ගිජුලිහිණියෙක් හිටියා. ඔහු හරී ශක්ති සම්පන්නයි. ඔහුට නොයෙක් දහස් ගණන් ගිජුලිහිණි පිරිවරකුත් සිටියා. මේ සුපත්ත ගිජුලිහිණියා තමයි තමන්ගේ මාපිය ගිජුලිහිණියන්ව පෝෂණය කළේ. මේ ගිජුලිහිණියා තමන්ගේ මහාශක්තිවන්ත බව නිසා දුර ඈතට උඩු අතට ඉගිලෙනවා. දවසක් බෝසත් ගිජුලිහිණියා සිය පුතුට අවවාද කළා. "පුත්‍රය... නුඹ මේං මේ තාක් දුරට ගියාට කමක් නෑ. එතැනින් එහාට නං යන්ට එපා."

එතකොට සුපත්ත ගිජුලිහිණියා "හොඳා මං එහෙම කරඤ්ඤං" කියා පිළිගත්තා. නමුත් දවසක් අළුතින් වැහිපොද වැටෙද්දී අනිත් ගිජුලිහිණියන් සමඟ අහසට පැන නැගී පියා සලා ගියා. අනිත් ගිජුලිහිණියන්ව අත්හැරලා තමන්ට යන්ට එපා කියූ තැනටත් ගියා. අහසේ කැරකෙන සුළිසුළං වන වේරම්බවාතයට හසු වුණා. ගිජුලිහිණියාව සුණු විසුණු වී ගියා.

මහණෙනි, එදා බෝසත් ගිජුලිහිණියාගේ අවවාදය ඉක්මවා ගිය පුත්‍ර ගිජුලිහිණියා නැසුනේ ඔහොමයි කියා මේ ගාථාවන් වදාළා.

(1). ඉස්සර ගිජුකුළු පව්ව නගින්නට
කණු සිටුවා උල් අමුණා ලණු බැඳලා -
පාරක් තනවා තිබුණා
ඒ ගිජුකුළු පව් මුදුනේ ගිජුලිහිණියෙක්
මහළු මාපියන් පෝෂණය කෙරුවා

(2)

වුරුණු තෙලින් පිරි බොහෝ පිඹුරුමස් ගෙනැවිත්
ගිජුලිහිණියා සිය මාපියන්ට කෑමට දුන්නා

ඉතාම සවිමත් තම පුත් ගිජුලිහිණියා
දුර ඈත පියාඹා යන නිසා
ඔහුගේ වේගය දන්න පියා ඔහුට මෙසේ කිව්වා

(3). පුත්‍රය නුඹ දුර ඈත බලා -
උඩු ගුවනට ගිය විට පියඹා
මහසයුරෙන් වට වූ මේ පොළෝ තලේ -
රවුම් රියසකක් සේ
දියෙන් උඩට ඉල්පී ඇති සේ - නුඹට පෙනේවී
එතකොට ම ගමන නවතපන් පුතේ
ඉන් එහාට නං යන්ට එපා පුතුනේ

(4). පියාගේ ඔවදන ගණන් නොගත් ගිජුලිහිණියා
සිය සවිබලයෙන් තටු විහිදා පියඹා
පිරිසත් සමඟින් අහසට පැන නැංගා
පිරිසෙන් වෙන් වූ ගිජුලිහිණියා -
පර්වත වනපෙත් බලමින්
තව ඈතට උඩුගුවනට පියාඹා ගියා

(5). උඩු ගුවනේ සිට හිස පහතට හරවා බැලුවා
සිය පියා කියූ ලෙස මහාපොළොව පෙනුනා
සයුරෙන් වට වී රවුමට තිබුනා රියසක සේ

(6). එතකොට ගිජුලිහිණියා -
පියාගේ වචනය ඉක්මව ගොහින්
නවතින්ට කියූ තැන නොම නැවතී -
තව තව උඩට පියාඹා ගියා
තියුණු වේරම්බ වාත රැල්ලට -
සවිබල ඇති ගිජුලිහිණියා හසුවුණා

(7). පියා කියූ තැන ඉක්ම ගොහින්
වේරම්බ වාරුලට හසු වී ගිය නිසා
නැවත හැරෙන්නට බැරිව ගියා
අහස් කුසේදි ම ඔහු විනාශයට පත් වුණා

(8)

ඔවදන් නොතැකූ ඒ ගිජුලිහිණියාගෙන් යැපෙමින් සිටි
ඔහුගේ අඹු දරු, සෙසු පිරිසත්, සැවොමත්
ඒ නිසා ම විපතට පත් වුණා

(9). එලෙසින් මෙලොවේ සිටින යමෙක්
වැඩිහිටි මාපිය ගුරුවරයන්ගේ ඔවදන්
ගණනකට නොගෙන වාසය කරයි නම්
හැසිරෙයි නම් තම සීමාව ඉක්මවා
ඔවදන් ඉක්ම ගොසින් නැසී ගිය ගිජුලිහිණියා සේ
නුවණැති වැඩිහිටි ඔවදන් -
නොතකන අය වැනසී යනවා

මෙය වදාළ භාග්‍යවතුන් වහන්සේ මෙසේත් අවවාද කොට වදාළා.

"එනිසා භික්ෂුව ඔබ, ගිජුලිහිණියා වගේ වෙන්ට එපා. තමන්ගේ යහපතට කියන අවවාදයට අනුව පවතින්ට." භාග්‍යවතුන් වහන්සේගේ අවවාදය ලද මොහොතේ පටන් ඒ භික්ෂුව ඉතාමත් කීකරු වුණා.

"මහණෙනි, එදා අකීකරු ගිජුලිහිණිපුත්‍රයා වෙලා සිටියේ මෙදා මේ අකීකරු භික්ෂුව. ගිජුලිහිණි පියාව සිටියේ මම" යි කියා භාග්‍යවතුන් වහන්සේ මේ ජාතකය නිමවා වදාළා.

02. කෝසම්බි ජාතකය

කොසඹෑ නුවරදී වදාළ කතාව

පින්වතුනේ, පින්වත් දරුවනේ,

මේ කතාවත් ගොඩාක් ප්‍රසිද්ධ එකක්. කොසඹෑ නුවරදී මෙය සිදු වුණේ.

ඒ දිනවල අපගේ භාග්‍යවතුන් වහන්සේ වැඩ වාසය කොට වදාළේ කොසඹෑ නුවර ඝෝෂිත සිටාණන් කරවූ ආරාමයේ. ඔය කාලේ ඝෝෂිතාරාමයේ විනය උගන්වන ප්‍රධාන විනයධර තෙරනමකුයි, සූත්‍ර උගන්වන ධර්මධර තෙරනමකුයි පිරිස් සහිතව වාසය කළා.

දවසක් සූත්‍ර ධර්ම උගන්වන මහතෙරුන්නාන්සේ සිරුර කිස කරන්ට වැසිකිළියට යාමට දියකොටුවෙන් ගත් දිය බඳුනත් ඇතිව ගියා. සිරුර කිස නිමකොට පිටතට වඩිද්දී දිය බඳුනේ දිය ස්වල්පයක් ඉතිරිව තිබුණා.

සුළු වේලාවකින් විනයධර තෙරනම වැසිකිළියට වැඩියා. දියබඳුනේ වතුර ස්වල්පයක් තියෙනවා දැක්කා. "හෝ... ඇවත... ඔබ ද මේ බඳුනේ වතුර ඉතිරි කෙරුවේ?"

"එසේය... ආවුසෝ... මම යි."

"ඇයි ආවුසෝ... දන්නෙ නැද්ද වැසිකිළියේ දිය බඳුනේ වතුර ඉතිරිකොට යෑම ඇවතක් බව."

"අනේ ආවුසෝ... මං දැන සිටියේ නෑ."

"ආවුසෝ... ඒක එහෙම වුණාට... මෙතැනදී ඇවතක් වෙනවා."

"එහෙනම් ආවුසෝ... මං ඒ ඇවතට පිළියම් කරන්නං."

"ඉදින් ආවුසෝ... ඔබට මේ ආපත්තිය වුණේ නොදැන අසිහියෙන් නොවැ. ඒ නිසා ආපත්තියක් නෑ."

එතකොට ධර්මධර තෙරනමට ඒ ඇවත පිළිබඳව 'ඇවතක් නැත්තේ ය' යන හැඟීම ඇති වුණා. විනයධර තෙරනම ගොහින් තමන්ගේ පිරිසට මෙහෙම කිව්වා.

"මේ සූත්‍ර උගන්වන ස්ථවිරයෝ ආපත්තියකට පත්වෙලත් දන්නේ නැහැ නොවැ ආපත්තියක් බව."

එතකොට විනය ඉගෙන ගන්නා භික්ෂූන් සූත්‍ර ධර්ම ඉගෙන ගන්නා භික්ෂූන්ට මෙහෙම කිව්වා. "යසයි. ඔබවහන්සේලාගේ උපාධ්‍යායන් වහන්සේ, ඇවතකට පත්වෙලත් එය ඇවතක් බව දන්නේ නැහැලු නේ?"

එතකොට ඒ භික්ෂූන් ගොහින් ධර්මධර භික්ෂුවට මෙකරුණ සැලකළා. "අපොයි... බලන්ට... ඔය විනයධර තෙරුන්නාන්සේ ම යි කලින් කීවේ ඇවැතක් වුණේ නැත කියලා. දැන් එයැයි ම කියනවා ඇවතක් උනා ය කියලා. මේ ස්ථවිරයෝ බොරු කියනවා නොවැ."

සූත්‍ර ඉගෙන ගන්නා භික්ෂූන් ගිහින් විනය ඉගෙන ගන්නා භික්ෂූන්ට මෙහෙම කිව්වා. "හා... අපි දන්නවා තමුන්නාන්සේලාගේ උපාධ්‍යායන් වහන්සේ බොරු කියන්නේ." මේ විදිහට දෙපැත්තෙන් ම බහින්බස්

වීම් ඇති වෙලා කෝලාහලයක් දක්වා වර්ධනය වුණා. එතකොට විනයධර තෙරනම අවස්ථාවක් ලබාගෙන ඇවැත් නොදැකීම පිළිබඳ කෙරෙන උක්ඛේපනීය කර්මය කොට ධර්මධර තෙරනම සිය පිරිසෙන් නෙරපුවා. එතැන් පටන් සංඝයා දෙකොටසකට බෙදුනා. භේද භින්න වී ගියා.

එතකොට සංඝයාට දන් පැන් පුදන දායක උපාසකවරුත් දෙකොටසකට බෙදී ගියා. සංඝයාගෙන් අවවාද ගන්නා භික්ෂුණී පිරිසත් දෙකඩව ගියා. ආරක්ෂක දේවතාවොත්, දන්නා හඳුනන අයත්, ආකාසවැසි දේවතාවොත්, බ්‍රහ්ම ලෝකය දක්වා සිටි පෘථග්ජන සියලු දෙනා දෙකොටසකට බෙදී ගියා. කොටින් ම අකණිටා බඹලොව දක්වා මේ කෝලාහලය පැතිර ගියා.

එතකොට එක් භික්ෂුවක් භාග්‍යවතුන් වහන්සේ වෙත ගොහින් මෙහෙම කිව්වා. "ස්වාමීනී, ධර්මානුකූලව ම යි උක්ඛේපනීය කර්මය කළ භික්ෂූන් අර භික්ෂුවට උක්ඛේපනීය කර්මය කළේ. උක්ඛේපනීය කර්මයට බඳුන් වූ අය ඊට සුදුසු විදිහට ඉන්ට එපායැ. නමුත් ඒ පිරිසත් වෙනම හැදිලා ඊට විරුද්ධව කටයුතු කරනවා. දෙපක්ෂයේ ම සංහිඳියාවක් නෑ."

එතකොට භාග්‍යවතුන් වහන්සේ සඟ පිරිස රැස්කරවා තුන්වතාවක් ම සමඟි වීමේ අනුසස් පෙන්වා දී සමඟි කොට වදාළා. තුන්වෙනි වතාවේදී "භික්ෂු සංඝයා බිඳුනේ ය, භික්ෂු සංඝයා බිඳුනේ ය" කියා වදාළා. නමුත් ඔවුන් ආයෙමත් පැරණි කරුණ ම ඉදිරියට ඇදලා ගන්නවා. භාග්‍යවතුන් වහන්සේ අවවාද කිරීමේදී උක්ඛේපනීය කර්මය කළ භික්ෂූන්ටත්, වරද නොදැකීම

නිසා උක්ඛේපනීය කර්මය ලද භික්ෂූන්ටත් අවවාද කොට වදාළා. ඉතින් ඔවුන් සමගිව උපෝසථ කර්මය කොට දානයට දානශාලාවට ගිය විට කෝලාහල කරන භික්ෂූන්ට දන්හලේ කෙළවර ආසන පනවා වතකුත් නියම කළා. එතැනදිත් ඒ භික්ෂූන් නැවතත් රණ්ඩු සරුවල් කරගන්ට පටන් ගත්තා. එතකොටත් භාග්‍යවතුන් වහන්සේ "මහණෙනි, සණ්ඩු සරුවල් කරගන්ට එපා" කියා අවවාද කොට වදාළා. එතකොට භික්ෂුවක් ඇවිදින් මෙසේ කියා සිටියා.

"ස්වාමීනී, භාග්‍යවතුන් වහන්සේ පසෙකින් වැඩ සිටින සේක්වා. ධර්ම ස්වාමී භාග්‍යවතුන් වහන්සේ මෙලොව ම ලබන දහම් සැපයෙන් යුක්තව මෙයට මැදිහත් නොවී වැඩ සිටින සේක්වා. අපි මේ රණ්ඩුවෙන්, මේ කෝලාහලයෙන්, මේ විවාදයෙන් ප්‍රසිද්ධියට පත් වන්නෙමු" කියා සිටියා.

එතකොට භාග්‍යවතුන් වහන්සේ ආයෙමත් සංඝයා රැස්කොට මෙසේ වදාළා.

"මහණෙනි, බොහෝ ඈත අතීතයේ බරණැස් නුවර බ්‍රහ්මදත්ත නම් රජ්ජුරු කෙනෙක් වාසය කළා. ඉතින් ඒ බරණැස් රජ්ජුරුවෝ දීඝීතිකෝසල රජ්ජුරුවන්ගේ රාජ්‍යය බලෙන් පැහැරගත්තා. එතකොට කෝසල රජ්ජුරුවෝ වෙස්වලාගෙන පැන ගිහින් වාසය කළා. ඒ රජ්ජුරුවන්ට දීඝායු නම් පුත් කුමාරයෙක් සිටියා. දවසක් මේ පුත් කුමාරයා මාපියන්ව බලන්ට එද්දි සිය මාපියන්ව වධයට නියමවෙලා යනවා දැක්කා. සිය පියාගේ වචනය අසා එදා ඒ කුමාරයා ළඟ බැලුවේ නෑ. දුර බැලුවා. පසුකලෙක සතුරු රජාගේ විශ්වාසවන්ත ම සේවකයා

බවට පත් වුණා. දවසක් සතුරු රාජයා සමඟ දඩයම් ගිය වෙලාවේ මේ දීඝායු කුමාරයා රජ්ජුරුවන්ව තනිකරගෙන මරන්ට සූදානම් වුණා. එදාත් පියාගේ අවවාදය වන 'ළඟ නොබලන්. දුර බලන්.' වචනය සිහිපත් කළා. ඒ නිසා ම ඔවුනොවුන්ට ජීවිත දානය දී ඉතාමත් සමගිසම්පන්න වුණා. ඒ සතුරු රජා තමන්ගේ දියණියවත් දීඝායු කුමාරයාට සරණ පාවා දී තමාගේ ඇවෑමෙන් රජකමත් පැවරුවා.

මහණෙනි, රජවරු කියන්නේ දඬුවම්වලින් අවිආයුධවලින් රාජ්‍ය පාලනය කරන උදවියයි. එබඳු අය තුළ පවා මෙබඳු ඉවසීමක්, මෙබඳු කීකරු බවක් දකින්ට ලැබෙනවා.

මහණෙනි, මෙබඳු මනාකොට දේශනා කරන ලද ධර්මයක් ඇති ධර්ම විනය තුළ පැවිදි වූ ඔබලා එකිනෙකාට සමාව දීමෙන්, අවවාදයට කීකරුව සිටීමෙන් ශෝභමාන වව්" යනාදී වශයෙන් දෙවනුවත්, තෙවනුවත් අවවාද කොට සිටත් ඇහුම්කන් දුන් වගක් පෙනුනේ නෑ.

'මේ හිස් පුරුෂයන්ට කරුණු පහදා දීම ලේසි දෙයක් නොවේ' කියා සිතූ භාග්‍යවතුන් වහන්සේ පසුවදා පිඬු සිඟා ගොස් නැවත වැඩම කොට ගඳකිළියේ ස්වල්ප මොහොතක් විවේක ගෙන කුටිය එකලස් කොට තමන් වහන්සේ තනියම පා සිවුරු රැගෙන සංඝයා මැදට වැඩම කොට අහසේ සිට මේ ගාථාවන් වදාළා.

(1). බොහෝ සේ කට මැත දොඩමින් -
එයින් සම වූ බොහො අය
තමා අනුවණ බාලයෙක් බව -
නොදන්නේ ම ය ඒ අය
සංඝ සමගිය නැසී යද්දී -
එසේ වන්නේ තමා නිසා වග

මේ ආරවුලට මැදිහත් වූ -
කිසිවෙකුත් නොසිතූ හැටි

(2)

සිහිය ද වනසාගෙන - පණ්ඩිතමානීව සිට
කටට ආ දෙය පවසත් - උඩඟුව මුලාවෙන් හැසිරෙත්
යම්තාක් මුව ඇරගෙන - සිටිනට ඔවුන් කැමති ද
ඒ තාක් කටමැත දොඩත් - මේ වාදයෙන් ඒ අය
ලැජ්ජාව වනසාගත් බව -
කිසිවෙකුට නොවැටහෙන හැටි

(3)

ආක්‍රෝශ කළා මා හට - පහර දුන්නා මා හට
පරදවා දැම්මා මා - පැහැරගත්තා මා සතු දෙය
මෙසේ සිතමින් කෙනෙක් මෙ ලොවේ
වෛර බඳිමින් සිටිත් නම් -
ඔවුන්ගේ ඒ වෛරය නැත සංසිඳෙන්නේ

(4). මේ ලොවෙහි කිසි කලෙකත් -
වෛරයෙන් වෛරයෝ නොසංසිඳෙත්
වෛර නොකිරීමෙන් ම යි -
වෛර සංසිඳී යන්නේ
සත්පුරුෂ උතුමන් තුළ -
පැවැති මෙය සනාතන දහමෙකි

(5)

රණ්ඩු කෝලාහලවලින් - අපි ම වැනසී යන්නෙමු'යි
මේ උදවියට එලෙසින් - නැත්තේ ය වැටහීමක්
මෙනිසා තමන් වැනසෙන බව -
යම්විටක වැටහේ නම් තමන් හට
එයින් ම මේ වාද විවාද - සංසිඳී යනවා ම යි

(6)

ඇට කුඩු කරමින් මිනිසුන් නසනා -
ගවයන් අසුන් හා ධනයත්
පැහැර ගනිමින් රටේ වස්තුව -
කොල්ලකන රජවරු පවා
බඹදත් රජුත් දීසායු කුමරාත් - සමඟිව එකතු වූවා
එහෙත් තොපට සමගි විය නොහැක්කේ ඇයි?

(7)

මනා පැවතුම් තිබෙන නුවණැති -
වීරියෙන් යුතු දෙලොව යහපත සලසන
කලණ මිතුරෙකු ලැබෙයි නම් -
යම් කෙනෙකුගේ ඇසුරට
සියලු උවදුරු මැඩගෙන - සතුටු සිතැතිව සිහියෙන්
විසිය යුත්තේ ඒ කලණ මිතුරා සමගයි

(8). මනා පැවතුම් තිබෙන නුවණැති -
වීරියෙන් යුතු දෙලොව යහපත සලසන
කලණ මිතුරෙකු නොලැබෙනා විට -
යම් කෙනෙකුගේ ඇසුරට
දිනූ රට හැර වනයට ම ගිය -
මහාජනක රජු සේ
වනයේ තනිව හුන් ඇත් රජා සේ -
සිටිය යුත්තේ තනිව ම යි

(9)

නැණවතුන් සත්පුරුෂයන් ඇසුරකට නැත්නම්
උතුම් දෙය තනිව සිටීම යි
අසත්පුරුෂ බාලයන් හා - ඕනෑම නෑ ඇසුරක්
තනිව වාසය කරමින් - පවක් නොකරම සිටිය යුත්තේ

පිරිස් පරිහරණයට අකැමති - තනිව සිටිනා ඇත් රජා සේ

මෙසේ වදාළ අපගේ භාග්‍යවතුන් වහන්සේ කොසඹෑ නුවරින් පිටත්ව බාලකලෝණකාරාමයට වැඩම කළා. එහි තනිවම වැඩ සිටියේ භගු මහරහතන් වහන්සේ. උන්වහන්සේ සමග හුදෙකලාවේ අනුසස් වදාළ භාග්‍යවතුන් වහන්සේ එතැනින් පාචීනවංශදායට වැඩම කළා. ඒ පාචීනවංශ වනයේ සිටි අනුරුද්ධ, නන්දිය, කිම්බිල මහරහතන් වහන්සේලාගේ සමගි බව නමැති රසයෙහි අනුසස් වදාළ භාග්‍යවතුන් වහන්සේ එතැනින් නික්ම පාරිලෙය්‍යක වනයට වැඩම කොට වදාළා. පාරිලෙය්‍යක වනයේ තුන් මාසයක් වැඩ හුන් අපගේ භාග්‍යවතුන් වහන්සේ නැවත කොසඹෑ නුවරට නොවැඩ සැවැත් නුවරට වැඩම කොට වදාළා.

එතකොට කොසඹෑනුවරවාසී උපාසකවරු රැස්වී මේ භික්ෂූන්ගේ අරගලය ගැන සාකච්ඡා කොට ඒකමතිකව නිගමනයකට ආවා.

"මේ ආර්යයන් වහන්සේලා වන කොසඹෑ නුවරවැසි භික්ෂූන් වහන්සේලා බොහෝ දෙනෙක් අපට කරන්නේ අනර්ථයක් ම යි. මේ උදවිය නිසා කරදරයට පත් අපගේ භාග්‍යවතුන් වහන්සේ මෙහෙ අත්හැර වැඩියා. අපි අදින් පස්සේ මේ භික්ෂූන්ට වැඳුම් පිදුම් නොකර සිටිමු. ගෙදර වැඩිය විට පිණ්ඩපාතේ නොබෙදා සිටිමු. එතකොට මේ භික්ෂූන් වහන්සේලා එක්කෝ මෙහේ අත්හැර වෙන පළාතකට වඩීවි. එක්කෝ සිවුරු හැර යාවි. එක්කෝ භාග්‍යවතුන් වහන්සේ බැහැදැක නැවත භාග්‍යවතුන් වහන්සේගේ සිත පහදවා ගනීවි"

කියා උපාසක පිරිස ඒ ආකාරයෙන් ම ක්‍රියාත්මක කළා.

උපාසකවරුන්ගේ දඬුවමින් භික්ෂූන් වහන්සේලා මහත් සේ පීඩාවට පත් වුණා. සිහිය උපන්නා. සමගි වුණා. සැවැත් නුවරට ගොහින් භාග්‍යවතුන් වහන්සේ බැහැදැක වන්දනා කොට සමාව ගත්තා.

භාග්‍යවතුන් වහන්සේ ඒ අවස්ථාවේදී දීඝීති කෝසල ජාතකය මුල්කොට දහම් දෙසා වදාළා. "මහණෙනි, එදා කෝසල රජුව සිටියේ සුදොවුන් මහරජු. බිසොව වෙලා සිටියේ මහාමායා බිසොව යි. දීඝායු කුමාරයාව සිටියේ මම" යි කියා මේ ජාතකය නිමවා වදාළා.

03. මහාසුක ජාතකය

ලොල් බව දුරු කොට සිටි ගිරා රාජයාගේ කතාව

පින්වතුනේ, පින්වත් දරුවනේ,

සාමාන්‍යයෙන් බොහෝ දෙනෙකු තුළ ඇති දුර්වලතාවක් නම් ලද දෙයකින් සතුටු වෙන්ට නොහැකි වීමයි. හැම පහසුකමක් ම සොයනවා. තමන්ට ඕනෑ විදියේ පහසුකමක් නැතිවිට කණස්සල්ලෙන් වසනවා. සමහර දරුවන් අධ්‍යාපන කටයුතු සඳහා ශිෂ්‍ය නිවාසවල නවතිනවා. ඇතැම් විට තම නිවසේදී ඉගෙන ගන්නවාට වඩා හොඳින් ඉගෙනීමේ අවස්ථාව ලැබෙනවා. නමුත් නිවසේ තරම් රසට කෑම බීම ලැබෙන්නේ නෑ. එතකොට උවමනා වන්නේ ඉවසීමෙන් යුක්තව තමන්ගේ අධ්‍යයන කටයුතු කරගෙන යාමයි. එසේ නැතිව කෑම් බීම් රස නැත කියා හැරී ආවොත් අධ්‍යාපන කටයුතු අඩාල වෙන්ට ඉඩ තියෙනවා. මෙයත් එවැනි කතාවක්.

ඒ දිනවල අපගේ භාග්‍යවතුන් වහන්සේ වැඩ වාසය කොට වදාළේ සැවැත් නුවර ජේතවනයේ. ඔය කාලේ එක්තරා භික්ෂුවක් භාග්‍යවතුන් වහන්සේගෙන් භාවනා උපදෙස් රැගෙන කොසොල් රටේ එක්තරා පිටිසර ගමක් ඇසුරු කොට වනයක වාසය කළා. ඒ

ගමේ මිනිස්සු ඒ භික්ෂුවට ගමන් බිමන් පහසු තැනක රාත්‍රී ස්ථාන, දිවා ස්ථාන ආදිය සකසා හොඳින් දන් පැන්වලින් ඇප උපස්ථාන කළා. නමුත් වස් වැසූ පළමු මාසයේ ම ඒ ගම ගින්නට හසු වුණා. මිනිස්සුන්ගේ බිත්තර වී පමණක්වත් ඉතිරි උනේ නෑ. ඒ හේතුව නිසා ගම්මුන්ට ඒ භික්ෂුව ගමට පිඬු සිඟා වඩිද්දී කලින් වගේ ප්‍රණීත දානය පූජා කරගන්ට බැරි වුණා. ඒ භික්ෂුවට බණ භාවනාවට යෝග්‍ය ඉතා හොඳ සෙනසුනක් ලැබුණා. නමුත් දානය පිළිවෙළකට නොලැබුන නිසා ඒ ගැන සිතේ කණස්සල්ලක් තිබුණා. ඒ හේතුවෙන් වස් කාලය ඇතුළත කිසිදු විශේෂ දියුණුවක් ලබාගන්ට බැරිව ගියා.

වස් තුන් මාසය අවසන් වීමෙන් පස්සේ ඒ භික්ෂුව භාග්‍යවතුන් වහන්සේව බැහැ දකින්ට සැවැත් නුවරට පැමිණියා. භාග්‍යවතුන් වහන්සේට වන්දනා කොට එකත්පස්ව වාඩි වුණා. භාග්‍යවතුන් වහන්සේ මෙසේ අසා වදාළා.

"භික්ෂුව.... කොහොමද.... වස් කාලය හොඳින් ගත කළා ද? පිණ්ඩපාතයෙන් කරදරයක් වුණේ නැද්ද? සුවසේ බණ භාවනා කරගන්ට තැනක් ලැබුණා ද?"

"අනේ ස්වාමීනී... වස් වසලා මුල් මාසයේ නම් ඉතා හොඳින් හැම දෙයක් ම සිද්ධ වුණා. සේනාසනය නම් හරි අගෙයි. නමුත් ගමට ගිනි ඇවිලුණා නොවැ. ඊට පස්සේ හරි හමන් පිළිවෙළකට දානෙ ටික ලබාගන්ට බැරි වුණා. ඊට පස්සෙ හිතාගෙන සිටි කිසිවක් කරගන්ට බැරි වුණා."

භාග්‍යවතුන් වහන්සේ නුවණින් දැක්කා ඒ භික්ෂුවට චිත්ත දියුණුව පිණිස ඒ සේනාසනය ඉතාම යෝග්‍ය බව. ඒ භික්ෂුවට මෙසේ වදාළා.

"භික්ෂුව, ශ්‍රමණයෙක් වුණාම තමන්ට බණ භාවනාවට සුදුසු හොඳ තැනක් ලැබුණු විට පළමු තැන දිය යුත්තේ ඒකට යි. කෑම් බීම් පිණිස තියෙන ලොල් බව අත්හැරලා ලැබුණු දේකින් යැපිලා එයින් සතුටු වෙලා පැවිදි වූ කාරණාව ඉටු කරගන්ට වෙහෙසෙන්ට තිබුණා නොවැ. ඉස්සර කාලේ හිටිය නුවණැත්තෝ තිරිසන් යෝනියේ පවා ඉපදිලා තමන් වාසය කළ වෘක්ෂය වියලී ගිහින් සුණු බවට පත් වෙද්දී ඒ ලී කුඩු අනුභව කොට, ආහාරයට ඇති ලොල් බව දුරු කරලා, මිත්‍ර ධර්මය නොබිඳ වෙන තැනකට නොගිහිං හිටියා. ඒ නිසා පිණ්ඩපාතය ටිකයි, රළුයි කියා හොඳින් බණ භාවනා කර ගත හැකි තැන අත්හලේ මන්ද?" කියා අසා වදාළා.

එතකොට ඒ භික්ෂුව ඉතා දුෂ්කර අවස්ථාවේ ආහාරයෙහි ලොල් නොවී ලී කුඩු අනුභව කොට වාසය කළ නුවණැත්තාගේ කතාව කියා දෙන්ට කියා භාග්‍යවතුන් වහන්සේගෙන් ඉල්ලා සිටියා. භාග්‍යවතුන් වහන්සේ මේ අතීත කතාව ගෙනහැර දක්වා වදාළා.

"මහණෙනි, බොහෝ ඈත අතීතයේ හිමාල වනයේ ගං තෙර එක්තරා දිඹුල් වනයක නොයෙක් ලක්ෂ ගණනින් ගිරවුන් වාසය කළා. ඒ අතර එක්තරා ගිරා රාජයෙක් හිටියා. ඔහු තමන්ගේ නිවාසය කරගෙන සිටියේ දිඹුල් රැකක්. ඒ දිඹුල් රැකේ ගෙඩි අවසන් වෙද්දී වෙනත් ගසක් සොයා ගියේ නෑ. ඒ ගසේ ම ඉතිරි වූ දල්ලක්, කොළයක්, පොත්තක්, පතුරක් වැනි දෙයක් අනුභව කරනවා. ගංගාවට ගොහින් පැන් වළඳනවා. පරම අල්පේච්ඡතාවයකින් යුක්තව ලැබෙන ඕනෑම දෙයක් වළඳා සතුටින් යුක්තව වෙනත් තැනකට නොගොස් ඒ දිඹුල් රැකේ ම වාසය කළා. මේ ගිරා

රාජයාගේ අල්පේච්ඡ බවත් ලද දෙයින් සතුටු වීමත් නිසා ශක්‍ර භවන පවා කම්පා වී ගියා.

තමන්ගේ භවන කම්පා වීමට හේතුව කුමක්දැයි බලද්දී ගිරා රාජයාව දැකගන්ට ලැබුණා. එතකොට සක්දෙව්දුට සිතුණා මේ ගිරා රාජයාගේ අල්පේච්ඡ බවත් ලද දෙයින් සතුටු වීමත් සැබෑවක් ද කියා විමසා බැලීමට. තමන්ගේ ආනුභාවයෙන් දිඹුල් රුක වියලී යන්ට සැලැස්සුවා. දිඹුල් රුක කණුවක් වගේ වුණා. දිඹුල් රුක තැනින් තැන සිදුරුවලට සුළඟින් පහර වදිද්දී අතු එකිනෙකට හැප්පුනා. ඒ වෘක්ෂයේ සිදුරුවලින් ලී කුඩු ඇද හැලුනා. එතකොට ගිරා රාජයා ඒ ලී කුඩු අනුභව කොට ගංගාවට ගොහින් පැන් වළඳලා එනවා. වෙන තැනක නොගිහින් අව් සුළං ගණන් නොගෙන දිඹුල් කණුව මත වහලා ඉන්නවා.

ගිරා රාජයා තමන්ගේ ගුණය තුළ නොසැලී පිහිටා සිටින අයුරු දුටු සක්දෙව්දු ඔහු ගැන මහත් පැහැදීමට පත් වුණා. තමන් හංස රාජයෙකුගේ වෙස් අරගෙන සුජා නමැති අසුර කන්‍යාව හංස ධේනුවක සේ පෙරටු කොටගෙන ඒ දිඹුල් වනයට ගියා. ගිරා රාජයා හුන් දිඹුල් රුකට ආසන්නයේ ඒ ගසක අත්තක වාඩි වී ගිරා රාජයාට කතා කරමින් මේ පළමු ගාථාවන් පැවසුවා.

(1). යම් කලකදී ගස එල බර වී තිබෙනා විට
ගෙඩි කන්ට ඇවිත් කුරුලු රැන් යති අතු ඉති පිට
ගෙඩි අවසන් වූ බව උන් හට තේරුන විට
යනවා ඒ කුරුළු රැන් යළි වෙන තැනකට

(2). රතු හොට ඇති ගිරවෝ හැම තැනම පියාඹන
ඇයි ඔබ මේ වියලි කණුව මත ලැග තනියම

වසන්තයේ කැලෑ රොදක පෙනුමෙන් යුතු ඔබ
මේ වියලී ගිය ගස අත් නොහරිනා කරුණ කිම

එතකොට බෝසත් ගිරා රාජයා තමන් ගසට ඇති කෘතගුණ දක්වන හේතුවෙන් ගස අත් නොහරින බව පවසා මේ ගාථාවන් පැවසුවා.

(3)

හංසරජුනි, මිතුරන් හට මිතුරු කැලක් සිටින කලට
ඔවුන් නැසෙන කල, දුක හා සැපය ද නිති විඳින කලට
ඔවුන්ට වස්තුව ඇති විට, ඇති වස්තුව නැසුණු කලට
සත්පුරුෂ මිතුරු අය සිහි කොට ඔවුන්ගේ ඒ සුමිතුරු දම
අත් නොහැර සිටිති මිතුරන් අසරණ වී දුකට වැටුණු කලට

(4)

එලෙසින් හංසයෝ මමත් -
සත්පුරුෂයෙක්මි සත්පුරුෂයන් අතරේ
මට සිටිනා යාළුවත් නෑදෑයාත් මේ ගස ම ය
ගස මැරිලා ගිය විටදී මගේ දිවිය රකිනු පිණිස
වෙනත් ගසක් සොයා යන්ට කිසිදු අදහසක් මට නැත
දැන් ගෙඩි නැති ගස කුමට ද කියා මෙගස හැර දැමීම
සත්පුරුෂ දහම නම් නොවේ

එතකොට හංස වෙසින් සිටි සක්දෙවිඳු ගිරවාට මෙහෙම කිව්වා.

(5)

ගිරවාණෙනි හරිම අගෙයි
(1). ඔබේ තියෙන හිතවත්කම
(2). ඔබ තුළ පවතින මෙත් සිත
(3). ඔබ දක්වන මිතුරු ඇසුර

ඉදින් මෙකී කරුණු තුනට කෙනෙක් ආසා නම් ලොවේ
නුවණැත්තන්ගේ පැසසුම ඔබට ම හිමි වෙයි ලොවේ

(6)

පියාපත් යානා ඇති, අහසෙ සරණ ගිරවාණෙනි
වක් වූ ගෙල ඇතියාණනි, මං ඔබහට දැන් දෙමි වරයක්
ඔබ ආසා කරන දෙයක් තිබේ නම්
එය මට දැන් පැවසුව මැනව

එතකොට ගිරවා මේ ගාථාවෙන් පිළිතුරු දුන්නා.

(7). හංසය ඔබ මට යම් වරයක් දෙන්නේ නම්
මේ දිඹුල් රුකට නැවතත් ආයුෂය ලැබේවා
මේ රුක යළි නිල් දළු ඇති අතු ඉති විහිදාගෙන
මිහිරි එලින් යුතුව හොඳින් වැඩී හැඩට සිටීවා

එතකොට සක්දෙවිඳු ගිරවාට වරය දෙමින් මේ අටවැනි ගාථාව පැවසුවා.

(8)

ඕං බලනු මැනවි මිතුර - හරි හැඩයි දිඹුල් ගස ඔබේ
අතු ඉති කොල පාටින් ඇත - අමා රසැති එල තිබේ
කලින් ලෙසට ඔබත් මෙහි - සුවසේ වාසය කරාවා
රුක ද මිහිරි එලින් යුතුව - වැඩී හැඩට සිටීවා

ඊට පස්සේ සක්දෙවිඳු තමන්ගේ හංස ආත්මය වෙනස් කළා. තමා සක්දෙවිඳුගේ වේශයට පත් වුණා. සුජා දෙවඟනත් ප්‍රකෘති වේශය ගත්තා. සක්දෙවිඳු ගංගාවෙන් දිය දෝතක් ගෙන වියළි කණුවක්ව තියෙන දිඹුල් ගසට පහර දුන්නා. එසැණින් ම දිඹුල් ගස නිල් පාට කොල දළු පිරි අතු ඉතිවලින් ශෝභමාන වුණා. මිහිරි එල වැලින් බර වුණා. ගිරා රාජයා මෙය දැක මහත් සේ සතුටට පත්

වුණා. සක්දෙවිඳුට ස්තුති ප්‍රශංසා කරමින් මේ ගාථාව පැවසුවා.

(9)

සක් දෙවිඳුනි අද මං මිහිරි එල ඇති දිඹුල් රුක දැක
සිත් පුරා සතුට විඳිනෙමි සැපසේ වසමි මේ රුකේ
මා අද සතුටු වන ලෙසින් ඔබත් ඔබගේ සියලු නෑයොත්
නිතින් සුවපත් වෙත්වා!

ඉතින් සක්දෙව් රජු ගිරවාට වරය දී අමා රසැති දිඹුල් එල උපදවා සුජා දෙවඟන සමඟ දෙව්ලොව ගියා" කියා භාග්‍යවතුන් වහන්සේ මේ ගාථාව වදාළා.

(10). **ගිරවා හට වරය ලබා දී**
දිඹුල් රුක එලබරින් සරසා
සක්දෙවිඳු සිය බිරිය සමඟින්
ගියෝ නඳුනුයනට තව්තිසා

මෙසේ වදාළ භාග්‍යවතුන් වහන්සේ ඒ භික්ෂුවට මෙසේත් වදාළා. "දැන් බලන්ට භික්ෂුව, ඉස්සර හිටිය නුවණැත්තෝ තිරිසන් යෝනියේ ඉපදිලාත් ආහාරයට ලොල් නොවී වාසය කළා. මෙබඳු මනාකොට දේශනා කරන ලද ධර්ම විනය ඇති බුදු සසුනේ පැවිදි වූ ඔබ ආහාරයට ලොල් වුණා නේද? භික්ෂුව ඔබ එතැනට ම යන්න. ලද අහරින් සතුටුව ධර්මයේ හැසිරෙන්න" කියා අවවාද කොට වදාළා. ඒ භික්ෂුව එහි ගොස් සුළු කලකින් අරහත්වයට පත් වුණා.

"මහණෙනි, එදා සක් දෙවිඳුව සිටියේ අපගේ අනුරුද්ධයෝ. ගිරා රාජයාව සිටියේ මම" යි කියා භාග්‍යවතුන් වහන්සේ මේ ජාතකය නිමවා වදාළා.

04. චුල්ලසුක ජාතකය

ආහාර ලොල් බව අත්හල ගිරවාගේ කතාව

පින්වතුනේ, පින්වත් දරුවනේ,

අපගේ භාග්‍යවතුන් වහන්සේ භික්ෂු සංඝයා සමඟ චාරිකාවේ වඩිද්දී වේරඤ්ජා කියන බ්‍රාහ්මණ ග්‍රාමයට වැඩම කළා. ඒ ගමෙහි ගම් ප්‍රධානියාව සිටි වේරඤ්ජ බ්‍රාහ්මණයා භාග්‍යවතුන් වහන්සේ ගැන පැහැදී සිටි අයෙක් නොවේ. එනිසා ඔහු භාග්‍යවතුන් වහන්සේට නොයෙක් කරුණින් චෝදනා කළා. භාග්‍යවතුන් වහන්සේ ඔහුගේ චෝදනා එකක් එකක් ගානේ කරුණු දක්වමින් පැහැදිලි කොට දහම් දෙසුවා. එතකොට මොහු භාග්‍යවතුන් වහන්සේ ගැන හොඳටම පැහැදුණා. වස් තුන් මාසයේ වේරඤ්ජා ගමේ වස් වසන්ට කියාත් ඒ තුන් මාසයේ ම දන් පැන් පුදන බවටත් පවසා සිටියා. භාග්‍යවතුන් වහන්සේ භික්ෂූන් වහන්සේලා සමඟ වේරඤ්ජාවේ වස් වැසුවා.

නමුත් වේරඤ්ජ බ්‍රාහ්මණයාට මාරයාගේ බැල්ම වැටීමෙන් තමන් භාග්‍යවතුන් වහන්සේටත් භික්ෂු සංඝයාටත් වස් වසන්ට ආරාධනා කළ බව අමතක වුණා. ඒ තුන් මාසයට ම එක දවසක්වත් දානය ලැබුණේ නෑ. මහාමොග්ගල්ලානයන් වහන්සේ ඍද්ධි බලයෙන් දානය

පිළියෙල කරන්ට අවසර ඉල්ලා සිටියා. භාග්‍යවතුන් වහන්සේ එයත් ප්‍රතික්ෂේප කොට ඉවසීමෙන් යුක්තව මෙයට මුහුණ දිය යුතු බව වදාළා. ඒ කාලයේ අශ්ව වෙළෙන්දෝ සමූහයකුත් වේරඤ්ජාවේ වස් කාලය ගත කළා. ඒ අස් වෙළඳුන්ගෙන් භික්ෂූන් වහන්සේලාට යව හාල් ලැබුණා. භික්ෂූන් වහන්සේලා ඒවා වතුරේ පොඟවා මොහොලේ කොටා ගුලි කොට වළඳා බණ භාවනාවේ යෙදුණා. අපගේ ආනන්දයන් වහන්සේ යවහාල් ගලේ අඹරා වතුරින් ගුලිකොට භාග්‍යවතුන් වහන්සේට පිළිගැන්නුවා. වස් කාලය අවසන් වූ පසු පිළිවෙළින් චාරිකා කොට නැවත සැවැත් නුවරට වැඩියා.

ඒ දිනවල අපගේ භාග්‍යවතුන් වහන්සේ වැඩ වාසය කොට වදාළේ සැවැත් නුවර ජේතවනයේ. එදා දම්සභා මණ්ඩපයට රැස්වූ භික්ෂූන් වහන්සේලා භාග්‍යවතුන් වහන්සේගේ අල්පේච්ඡතා ගුණයටත් ලද දෙයින් සතුටු වීමේ ගුණයටත් ප්‍රශංසා කරමින් සිටියා.

"බලන්ට ඇවැත්නි, අපගේ භාග්‍යවතුන් වහන්සේ ක්ෂත්‍රිය සුඛුමාලයි. බුද්ධ සුඛුමාලයි. මහත් වූ ඍද්ධි බලයෙන් යුක්තයි. මහත් වූ ආනුභාවයෙන් යුක්තයි. නමුත් මාරයාගේ මෙහෙයවීමෙන් වේරඤ්ජා බ්‍රාහ්මණයාට තමන් වස් ආරාධනාව කළ බව අමතක කෙරෙව්වා. ඒ බව දත් භාග්‍යවතුන් වහන්සේ ලෝ දහමට ඉඩ දී ඉවසීමෙන් වැඩ හිටියා. ජලයෙන් ගුලි කළ යව පිටි වළඳා අල්පේච්ඡතාවෙන් සන්තුට්ඨිතාවෙන් වාසය කළා. අහෝ... සම්බුදුවරයන්ගේ ගුණය නම් ආශ්චර්යයි!" කියමින් සිටියා.

ඒ අවස්ථාවේ අපගේ භාග්‍යවතුන් වහන්සේ එතැනට වැඩම කොට පනවන ලද අසුනේ වැඩ සිටියා.

භික්ෂූන් වහන්සේලා තමන් කතා කරමින් සිටි කරුණ භාග්‍යවතුන් වහන්සේට සැළකළා. භාග්‍යවතුන් වහන්සේ මෙසේ වදාළා.

"මහණෙනි, දැන් තථාගතයන් හට ආහාරයෙහි ලොල් නැති බව අසිරියක් නොවේ. ඉස්සර තිරිසන් යෝනියක ගිරවෙක් වෙලා උපන් අවස්ථාවේත් ආහාරයෙහි ලොල්ව සිටීම අත්හැර වාසය කළා" කියා භාග්‍යවතුන් වහන්සේ අතීත කතාව ගෙනහැර දක්වා වදාළා.

"මහණෙනි, හිමාල වනයේ ගංගා නම් ගඟ අසබඩ තිබූ දිඹුල් වනයේ දිඹුල් රුකක එක්තරා ගිරා රාජයෙක් වාසය කළා. අනිත් ගිරව් දිඹුල් ගස්වල වසන්නේ ගෙඩි තියෙන කාලයට විතරයි. නමුත් මේ ගිරවා එහෙම නොවේ. දිඹුල් ගහේ ගෙඩි ඇති කාලයේ ගෙඩි කා ජීවත් වෙනවා. ගෙඩි නැති කාලයට කොල කනවා. කොල නැති කාලයට පොතු, පතුරු, සුඹුළු ආදිය කනවා. මේ ගිරවා යැපුණෙ දිඹුල් ගසින් නිසා දිඹුල් ගස ගැන සැලකුවේ තමන්ගේ මිත්‍රයෙක්, නෑදෑයෙක් හැටියට යි. දිඹුල් ගසට සැලකීමක් හැටියට දිඹුල් ගස අත් නොහැර වාසය කළා.

මේ ගිරවා තුළ තිබූ පරම අල්පේච්ඡභාවයත්, ලද දෙයින් සතුටු වීමේ ගුණයත් නිසා සක්දෙවිඳුගේ භවන කම්පා වී ගියා. ගිරවාගේ ගුණය විමසන්ට සිතූ සක්දෙවිඳු දිඹුල් ගස වියලෙන්ට ඇරියා. ගස වේලිලා අතු ඉති සිඳී ගියා. ගසේ සිදුරු හැදුනා. කණුවක් වගේ දිරලා ගියා. තැන් තැන්වලින් ලී කුඩු හැලුනා. එතකොට ගිරවා කොහේවත් නොගිහිං ලී කුඩු අනුභව කොට ගංගා දියෙන් දිය පානය කොට රුක මුදුනේ ලැග සිටියා.

එතකොට සක්දෙවිඳු සුජා දෙවඟන සමඟින් හංසයෙකුගේ වේශයෙන් ඇවිත් ගිරවාගෙන් මෙසේ ඇසුවා.

(1)

නිල් කොළ ඇති තව රුක් මෙහි ඕන තරම් තියෙනවා
එලබර වූ අතු ඇති රුක් ඕන තරම් තියෙනවා
හුළඟින් මේ වියලුනු ගස කර්කශ හඬ නගනවා
එක ගිරවෙක් කණුවක් බඳු ගසේ ම ලැග සිටිනවා
ගිරවෝ ඇයි තොප වියලුනු ගසට ආස කරන්නේ

එතකොට ගිරවා මෙසේ පිළිතුරු දුන්නා.

(2)

බොහෝ වසර ගණන් මං මේ ගසේ ගෙඩියි කෑවේ
ගෙඩි නැති බව දැන දැන මුත් නැත මෙය අත්හැරියේ
කලින් වගේ මං මේ රුකටයි මිතුරුව ඉන්නේ
ගෙඩි කොළ නැති උනාට මං මිතුරුකම රකින්නේ

එතකොට හංසයා ගිරවාගෙන් මෙසේ ඇසුවා.

(3). මේ ගස හොඳට ම වේලී තියෙනවා
හුළඟින් මෙහි අතු ඉති හඬ නගනවා
කොළ ගෙඩි නැති රුකක් කුමට
අනිත් කුරුල්ලෝ මෙය අත්හැර යනවා
ගිරවෝ ඒකේ තියෙන්නෙ කුමන දොසක් දෝ?

ගිරවා හංසයාට මේ ගාථාවෙන් පිළිතුරු දුන්නා.

(4)

තමන්ට ගෙඩිවලින් සැපත ලැබෙන තුරා හිඳ
ගෙඩි නැති විට ගස අත්හැර යනවා -
ඒ දෙස නොබලා

ඔවුන් තමාගෙ කුස පමණයි බලන්නේ -
නුවණක් නැතිවයි ඉන්නේ
ඒ අය සත්පුරුෂ නැතේ මිතුරුකම වනසා දමන්නේ

එතකොට හංසයා ගිරවාට වරයක් දෙන්ට කැමතිව මෙහෙම කිව්වා.

(5)

ගිරවාණෙනි හරිම අගෙයි ඔබේ තියෙන හිතවත්කම
ඔබ තුළ පවතින මෙත් සිත, ඔබ දක්වන මිතුරු ඇසුර
ඉදින් මෙකී කරුණු තුනට කෙනෙක් ආස නම් ලොවේ
නුවණැත්තන්ගේ පැසසුම ඔබට ම හිමි වෙයි ලොවේ

(6)

පියාපත් යානා ඇති අහසෙ සරණ ගිරවාණෙනි
වක් වූ ගෙල ඇතියාණෙනි -
මං ඔබ හට දැන් දෙමි වරයක්
ඔබ ආස කරන දෙයක් තිබේ නම් -
එය මට දැන් පැවසුව මැන

එතකොට ගිරවා මෙහෙම කිව්වා.

(7). කලින් වගේ කොළ තියෙනා ගෙඩි තියෙනා
මේ දිඹුල් ගස දකින්ටයි මං ආසා
එහෙම වුනොත් දිළින්දෙකුට -
නිධානයක් ලැබුණා වාගෙයි
යළි යළි මම එයින් සතුටු වෙමි

(8)

එතකොට සක්දෙවිඳු නදියෙන් දිය දෝතට අරගෙන
වියළී ගිය දිඹුල් රුකට වක් කළා

එසැණින් ඒ රුක නිල් කොළ දළු ලියලා
සිත්කලු සෙවණැලි ඇති ලස්සන රුකක් වුණා

එතකොට ගිරවා සක් දෙවිඳුට මෙහෙම කිව්වා.

(9)

සක්දෙවිඳුනි අද මං මිහිරි ඵල ඇති දිඹුල් රුක දැක
සිත් පුරා සතුට විඳිනෙමි සැපසේ වසමි මේ රුකේ
මා අද සතුටු වන ලෙසින්
ඔබත් ඔබගේ සියලු නෑයොත් -
නිතින් සුවසේ වෙසෙත්වා!

ඉතින් මහණෙනි, සක්දෙව්රජු ගිරවාට වරය දී අමා රසැති දිඹුල් ඵල උපදවා සුජා දෙවඟන සමඟ දෙව්ලොව ගියා කියා භාග්‍යවතුන් වහන්සේ මේ ගාථාව වදාළා.

(10). **ගිරවා හට වරය ලබා දී**
දිඹුල් රුක ඵල බරින් සරසා
සක්දෙවිඳු සිය බිරිය සමඟින්
ගියෝ නඳුනුයනට තව්තිසා

මහණෙනි, එදා සක්දෙවිඳුව සිටියේ අපගේ අනුරුද්ධයෝ. ගිරා රාජයාව සිටියේ මම" යි කියා භාග්‍යවතුන් වහන්සේ මේ ජාතකය නිමවා වදාළා.

05. හාරිත ජාතකය

අයෝනිසෝ මනසිකාරයෙන් නොමග ගිය හාරිත තවුසාගේ කතාව

පින්වතුනේ, පින්වත් දරුවනේ,

කෙනෙක් නොමග යන්නට හේතුවන්නේ වැරදි කල්පනාවෙන් යුක්ත වීමයි. තමා තුළ කෙලෙස් ඇවිස්සෙන අයුරින් කල්පනා කිරීම හේතුවෙන් තමාට තමන්ව දමනය කරගන්ට බැරිව යනවා. එතකොට ඔහුට තමා කවුදැයි අමතක වෙනවා. ලැජ්ජා භය නැති කරගන්නවා. කිසිසේත් නොකළ යුතු දේ කරනවා. මෙයත් එබඳු කතාවක්.

ඒ දිනවල අපගේ භාග්‍යවතුන් වහන්සේ වැඩ වාසය කොට වදාළේ සැවැත් නුවර ජේතවනයේ. ඔය කාලයේ සැවැත් නුවර ජේතවනයේ සිටි එක්තරා භික්ෂුවක් ඉන්ද්‍රිය සංවරයෙන් තොරව නගරයට පිඬු සිඟා වැඩියා. එදා ඒ භික්ෂුවට අලංකාර ඇඳුම් ආයිත්තම් වලින් සැරසී සිටි ස්ත්‍රියක් දකින්ට ලැබුණා. එතකොට ඒ භික්ෂුව ධර්මය මෙනෙහි කිරීම අත්හැර අර ස්ත්‍රිය ගැන මෙනෙහි කරන්ට පටන් ගත්තා. අයෝනිසෝ මනසිකාරයේ යෙදුනා. ටික දිනකින් පැවිද්දට ඇති ආශාව නැතිව ගියා. කෙස් රැවුල් නියපොතු වවාගෙන මහත්

පීඩාවෙන් වාසය කළා. තමන්ට සිවුරු හරින්ට ඕනෑය කියා ආචාර්ය උපාධ්‍යායන් වහන්සේලාට කියා සිටියා. එතකොට ආචාර්ය උපාධ්‍යායවරු මේ භික්ෂුව අකැමතිව සිටියදී භාග්‍යවතුන් වහන්සේ ළඟට කැඳවාගෙන ගොස් කාරණය සැලකොට සිටියා. භාග්‍යවතුන් වහන්සේ ඒ භික්ෂුවගෙන් මෙසේ අසා වදාළා.

"භික්ෂුව... ඇයි ඔබට පැවිදි ජීවිතය එපා වුණේ? ඒක හැබෑවක් ද?"

"එහෙමයි... භාග්‍යවතුන් වහන්ස, මට ලොකු පීඩාවක් දැනෙනවා."

"කොහොමද භික්ෂුව ඔබට ඔය පීඩාව හටගත්තේ?"

"අනේ භාග්‍යවතුන් වහන්ස, මං මේ ළඟදී දවසක පිණ්ඩපාතේ වැඩියා. ඉතින්... ඉතින් එදා... අලංකාර ඇඳුම් ආයිත්තම්වලින් සැරසී ගිය එක්තරා මාගමක් දකින්ට ලැබුණා. එදා පටන් තමයි... මේ ඔක්කෝම කරදර."

"භික්ෂුව... කෙලෙස් කියලා කියන්නේ ගුණධර්ම වනසා දමන දෙයක්. අස්වැසිලි නැති කරන දෙයක්. නිරයේ උපත සලසන දෙයක්. ඔය කෙලෙස් ඔබව වෙහෙසට පත් කරන එක මොකක්ද. සිනේරු පර්වතයට පහර දී ඉවත් කරන්ට පුළුවන් චණ්ඩමාරුතයක් බඳු කෙලෙස්වලට දිරාගිය කොළයක් බඳු සාමාන්‍ය සිතක් වට්ටා දමන එකට ලැජ්ජාවක් නෑ. භික්ෂුව, මේ රාග කෙලෙස් නිසා සම්බෝධි නුවණ උදෙසා ගමන් කරමින් සිටි පංච අභිඥාඥා, අෂ්ට සමාපත්තිලාභී විසුද්ධ මහා පුරුෂයින්ටත් සිහි උපදවා ගන්ට බැරිව ධ්‍යානත් නැති කරගත්තා" කියා මේ අතීත කතාව ගෙනහැර දක්වා වදාළා.

"භික්ෂුව... බොහෝ ඈත අතීතයේ බරණැස්පුරේ බ්‍රහ්මදත්ත නමින් රජ්ජුරුකෙනෙක් රාජ්‍ය කරමින් සිටියා. ඔය කාලේ මහාබෝධිසත්වයෝ එක්තරා නියම්ගමක අසූකෝටියක ධනය ඇති බ්‍රාහ්මණකුලයක උපන්නා. මේ කුමාරයාට රන්වන් පාට සමක් තිබුණා. 'රන්වන් සම ඇති කුමාරයා' යන අරුතින් මේ කුමාරයාට 'හරිත්තච කුමාරයා' යන නම ලැබුණා. මේ කුමාරයා නිසි වයසේදී තක්සිලා ගොහින් ඉගෙන ගෙන ආවා. පවුල් ජීවිතයක් ගත කළා. මව්පියන්ගේ අභාවයෙන් පස්සේ මොහු ජීවිතය ගැන සිතන්ට පටන් ගත්තා. මාපිය පරපුරෙන් තමන්ට ලැබුණු මහා ධනස්කන්ධය දෙස බලාගෙන මෙහෙම සිතුවා. 'ඔව්... ධනය පේන්ට තියෙනවා. ධනය උපදවපු කවුරුවත් පේන්ට නෑ. එයාලා මැරිලා ගිහිං. මටත් මරණය ඉදිරියේ මේ හැම දෙයක් ම අහිමි වෙනවා. මං මේ වස්තුව දන්දීලා හිමාලෙට ගොහින් පැවිදි වෙනවා' කියලා සිතුවා.

ඊට පස්සේ මොහු තමන් සතු වස්තුව දන්දීලා හිමාලෙට ගොහින් සෘෂිපැවිද්දෙන් පැවිදි වුණා. සතියකින් ධ්‍යාන අභිඤ්ඤා සමාපත්ති උපදවාගත්තා. වනමුල් ගෙඩි අනුභව කරමින් බොහෝ කාලයක් හිමාලයේ වාසය කළා. දවසක් මේ තාපසයා ලුණු ඇඹුල් සෙවීම පිණිස හිමාල වනයෙන් පහළට බැස මිනිස් පියසට ආවා. අනුපිළිවෙළින් චාරිකාවේ ඇවිත් බරණැස් නගරයට ඇවිත් රාජ උද්‍යානයේ වාසය කොට පසුවදා පිණ්ඩපාතේ වඩිමින් රාජද්වාරයටත් පැමිණියා.

උඩුමහල් තලයේ හුන් රජ්ජුරුවන්ට මේ කාන්තිමත් දේහ ඇති තාපසින්නාන්සේව දකින්ට ලැබුණා. රජ්ජුරුවෝ දුටු පමණින් පැහැදුනා.

රාජමාළිගාවේ උඩුමහළට කැඳවාගෙන ගොස් රාජ අසුනේ සුදු සේසත යට වාඩි කරවා නානා අග්‍ර රසයෙන් යුත් බොජුන් අනුභව කෙරෙව්වා.

"මේ... අපගේ පින්වත් තාපසින්නාන්සේ කොහේ වඩින ගමන් ද?"

"මහරජ, දැන් වස් කාලෙ ඉදිරියට. ඉතිං මං වස් වසන්ට තැනක් සොයනවා."

"අනේ තාපසින්නාන්ස, වෙන තැන් මොට ද... අපේ රාජ උද්‍යානෙට වඩිමු. එහෙ පහසුවෙන් ඉන්ට ඇහැකි... මාත් එන්නම්කෝ. මං... එහෙ තමුන්නාන්සේට සුවසේ වසන්ට රාත්‍රීස්ථාන, දිවාස්ථාන, හක්මන් මලු සහිතව කුටි සෙනසුනක් කරවා දෙන්නම්" කියලා රජ්ජුරුවෝ තාපසයාව කැඳවාගෙන ගොහින් රාජ උද්‍යානේ කුටි සෙනසුන් තනවා දුන්නා. උයන්පල්ලාට කැපකරු වැඩේ භාරදුන්නා. වන්දනා කොට පිටත් වුණා.

එදා පටන් බෝධිසත්වයෝ නිබඳව ම රජ ගෙදර දන් වළඳමින් දොළොස් හවුරුද්දක් රාජ උද්‍යානේ වාසය කළා. දවසක් රජ්ජුරුවන්ට පසල් දනව්වක කැරැල්ලක් සංසිඳුවන්ට යන්ට සිද්ධ වුණා. යන්ට කලියෙං රාජ දේවිය අමතා මෙහෙම කිව්වා. "දේවී... මං ගොහින් කැරැල්ල සංසිඳුවා එනතුරු අපගේ පින්කෙත වන තාපසින්නාන්සේට හොඳින් ඇප උපස්ථාන කරන්ට ඕනෑ හොඳේ" කියා දේවියට උපස්ථාන කටයුතු පවරා පිටත්ව ගියා.

එදා පටන් දේවියත් තාපසින්නාන්සේට මහත් ගෞරවයෙන් සියතින් දන් පුදමින් ඇප උපස්ථාන කරනවා. දවසක් ඈ භෝජන පිළියෙල කරවා තාපසින්නාන්සේ

වඩිනාතුරු සුවඳ පැන් සනහාගෙන සිනිඳු සළුවක් පොරවාගෙන සී මැදුරු කවුළුව හැර සිරුරට සුළඟ වද්දවමින් මිටි ඇඳක සැතපී උන්නා.

බෝධිසත්වයෝ නියමිත වේලාවට හැඳ පොරොවාගෙන භික්ෂා භාජනය අතට ගෙන අහසින් අවුත් සී මැදිරි කවුළුව වෙත පැමිණියා. දේවියට තාපසතුමාගේ අඳුන් දිව් සමේ ශබ්දයෙන් ඇහැරුණා. කලබලයට නැගිටිද්දි සිනිඳු උඩ සලුව ගිලිහී වැටුණා. එතකොට තාපසයාට ඒ දෙස බැලුණා. විසභාග අරමුණෙහි ඇස අසංවර වුණා. නොයෙක් වසර කෝටි ලක්ෂ ගණනක් සිතෙහි වාසය කළ කෙලෙස්, පැසක නිදාගත් විෂඝෝර සර්පයෙකු ලෙසින් අයෝනිසෝ මනසිකාරයෙන් අවදි වුණා. එසැණින් ම ධ්‍යාන සමාපත්ති නැතිව ගියා.

තාපසයාට තමා කවුද කියාවත් සිහිය උපදවා ගන්ට බැරිව ගියා. කෙලින් ම ගිහිං දේවියගේ අතින් ඇල්ලුවා. අතින් අල්ලාගෙන තිරයට මුවා වුණා. තාපසතුමා දේවියත් සමඟ අසද්ධර්මයේ හැසිරුණා. ඊට පස්සේ ආහාර අනුභවකොට පා ගමනින් උයනට ගියා. එදා පටන් තාපසයෝ මාළිගාවට එන්නේ පා ගමනින් ම යි. ඇවිත් දේවින්නාන්සේ සමඟ අසද්ධර්මයේ යෙදී දන් පැන් අනුභවකොට මාළිගාවෙන් පිටත් වෙනවා. තාපසින්නාන්සේ දේවිය සමඟ ඇති කර ගත් අයථා සම්බන්ධය මුළු බරණැස් නගරයේ ම ප්‍රසිද්ධ වුණා. හරිත්තච තාපසයා මෙවැනි දෙයක් කළා කියා ඇමතිවරු රජ්ජුරුවන්ට හසුන්පත් යැව්වා.

'ම්... නෑ... නෑ... ඒක වෙන්ට බෑ. වෙන කාගෙ අතින් එහෙම දෙයක් වුණත් මගේ තාපසින්නාන්සේගේ

අතින් වෙන්ට පුළුවන්කමෙක් නෑ. මාව බිඳුවන්ට වෙන්ට ඇති මෙහෙම කරන්නේ' කියලා හසුන්පත විශ්වාස කළේ නෑ.

කැරැල්ල සංසිඳුවා ඇවිත් නගරය ප්‍රදක්ෂිණා කරලා දේවිය ළඟට ගියා. "හැබෑද දේවී... මට දැනගන්ට ලැබුණා. තී මාගේ ආර්ය වූ හරිත්තච තාපසයෝ එක්ක ලෝකධර්ම සේවනයේ යෙදුණා ය කියන්නේ?"

"ඇත්ත... දේවයන් වහන්ස, ඒ තාපසින්නාන්සේ අතින් එහෙම දෙයක් වුණා තමා." එතකොට රජ්ජුරුවෝ කල්පනා කරන්ට පටන් ගත්තා. 'මට නම් දේවී කීවත් විශ්වාස නෑ. කෝකටත් තාපසින්නාන්සේගෙන් ම අසා දැනගන්ට ඕනෑ' කියා උයනට ගොහින් තාපසින්නාන්සේට වන්දනා කොට එකත්පස්ව වාඩිවෙලා එකරුණ අසමින් මේ ගාථාව පැවසුවා.

(1)

මහා බ්‍රාහ්මණය ඔබ ගැන ඇසුනේ ය මට කරුණක්
ගිහි කාමය හාරිත තවුසා අනුභව කරයි කියා
කිම ඒ වචනය බොරුවක් දෝ?
කිම පිරිසිදු බඹසර ඇතියෙක් දෝ?

මෙය ඇසූ බෝධිසත්වයෝ මෙහෙම සිතුවා. 'මං දැන් රජ්ජුරුවන්ට කීවොත් ගිහි කාමය පරිභෝග කළේ නැත කියා රජ්ජුරුවෝ ඒක විශ්වාස කරනවා. නමුත් මේ ලෝකයේ සත්‍ය සමාන වෙනත් පිහිටක් නෑ. ඒ නිසා මං සත්‍ය ම යි කියන්ට වටින්නේ' කියා සිතුවා. බෝධිසත්වයන් අතින් ඇතැම් තැන්වලදී සතුන් මැරීම සිදුවෙලා තියෙනවා. සොරකම සිදුවෙලා තියෙනවා. වැරදි කාම සේවනය සිදුවෙලා තියෙනවා. සුරාපානය

සිදුවෙලා තියෙනවා. නමුත් මුසාවාදය නම් සිදුවෙලා නෑ. බෝධිසත්වයෝ මෙතැනදීත් සත්‍ය ම පවසමින් මේ ගාථාව පැවසුවා.

(2)

මහරජ ඔබ මා ගැන යම් කරුණක් ඇසුවේ නම්
එම කරුණ එසේ ම යි මං වැරදි මගට යි වැටුනේ
ලෝසත මුලාවෙන ලාමක දෙයකට -
මයෙ සිත මුලා වී ගියා

එතකොට රජ්ජුරුවෝ තාපසයාගෙන් මේ කරුණ අසා සිටියා.

(3)

ඔබ වැනි නුවණැති, හොඳ නරක සිතන්නට දන්නා
ප්‍රඥාවෙන් යුතු කෙනෙක් වෙලත්
තමා තුළ උපන් රාග සිත දුරුකරගන්ට බැරි නම්
අනේ කුමට ද ඔබේ ඔය ප්‍රඥාව!

එතකොට තාපසයා කෙලෙසුන්ගේ බලවත්කම දක්වමින් මේ ගාථාව පැවසුවා.

(4)

රාගයත්, ද්වේෂයත්, මදයත්, මෝහයත් යන
මේ සිව්කරුණ රජුනේ මහා බලවත් ය මෙලොවේ
මේවා බලවත්ව ගිය තැන ප්‍රඥාව නම් නොපිහිටයි

එතකොට රජ්ජුරුවෝ මෙහෙම කිව්වා.

(5)

පිදුම් ලැබුමට සුදුසු ය - සීල ගුණයෙන් සොඳුරුය
මහා නුවණින් යුතු ම ය - පිරිසිදුය හැසිරීමෙන්

හාරිත තාපසයෝ පණ්ඩිත ය කියමින්
අප විසින් ඔබට පසසමින් -
මහා ගරුසරු දැක්කුවා නොවැ

එය ඇසූ හාරිත තාපසයා මේ ගාථාවෙන් රජ්ජුරුවන්ට පිළිතුරු දුන්නා.

(6)

රාගය ඇසුරු කළ සුභ අරමුණෙන් මතුවෙන
පවිටු කාම විතර්කයෝ, මහරජුනේ
දහම් ගුණයෙහි ඇලී සිටි නුවණැති තවුසන්ට පවා
හිංසා කරත් මැ යි

එතකොට රජ්ජුරුවෝ තාපසයා කෙරෙහි අනුකම්පාවෙන් මේ ගාථාව පැවසුවා.

(7). තවුසාණෙනි ඔබට යහපත වේවා!
බොහෝ ජනයා අතර ඔබ ප්‍රසිද්ධව සිටින්නේ
මහා නැණවත් තවුසෙකියි කියා
ඔබේ සිරුරේ හටගෙන තිබෙන
රුව සෝභාවත් ගුණ සෝභාවත් වනසන
ඔබ තුළ ම උපන් ඒ රාගය දුරු කළ මැනවී

එතකොට බෝධිසත්වයන්ට සිහිය උපන්නා. කාමයේ ආදීනව සලකන්ට පටන්ගත්තා. මේ ගාථාව පැවසුවා.

(8)

නුවණැස වනසා දමති මේ කාමයෝ
බොහෝ දුක් උපදවත් ම ය මහා විෂක් ම ය
ඒ කාමයන් බැසගෙන තිබෙනා මුල් සොයා යන්නෙමි
බැඳුම් සහිත වූ රාගය වනසා දමන්නෙමි

මෙසේ කියා තාපසයෝ රජ්ජුරුවන්ට මෙහෙම කීවා. "මහරජ... මට පොඩි මොහොතක් ඉඩ දෙන්ට" කියා කුටියට පිවිසියා. කසිණ මණ්ඩලය දෙස බලා සිටියා. සැණෙකින් ධ්‍යාන උපදවා ගත්තා. පන්සලින් එළියට පැමිණ අහසෙහි පලක් බැඳගත්තා.

"මහරජුනි, මං නුසුදුසු තැනක වාසය කළ කරුණ හේතුවෙනුයි මේ හැම දෙයක් ම වුණේ. ඒ නිසා ම යි මහාජනයා මැද මං ගැරහීමට ලක් වුණේ. මහරජුනි, ඔබ අප්‍රමාදීව පින් දහම් කරමින් වසන්ට. මං දැන් නැවත ස්ත්‍රීන්ගේ ගන්ධයක් නැති මහවනයට ම යනවා" කියා රජ්ජුරුවෝ හඬා වැටෙද්දී අහසින් ම හිමාලය බලා පිටත් වුණා. නොපිරිහී ගිය ධ්‍යානයෙන් යුක්තව මරණින් මතු බඹලොව උපන්නා. මෙය වදාළ භාග්‍යවතුන් වහන්සේ මේ ගාථාවත් වදාළා.

(9). **සත්‍ය වචනයෙන් හා වීර්ය බලයෙන් යුතු**
හාරිත තාපසයෝ රජු හට මෙය පවසා
දුරු කොට කාමරාගය බඹලොව් උපන්නේ

මෙය වදාළ භාග්‍යවතුන් වහන්සේ චතුරාර්ය සත්‍ය ප්‍රකාශිත ධර්මය දේශනා කොට වදාළා. ඒ ධර්ම දේශනාව අවසානයේ සිවුරු හරින්ට සිතා සිටි භික්ෂුව උතුම් රහත් ඵලයට පත් වුණා. මහණෙනි, එදා රජ්ජුරුවෝ වෙලා සිටියේ අපගේ ආනන්දයෝ. හාරිත තාපස වෙලා සිටියේ මම" යි කියා භාග්‍යවතුන් වහන්සේ මේ ජාතකය නිමවා වදාළා.

06. පදමාණවක ජාතකය

අහසේ තැබූ පියවර ලකුණ පවා දැනගත් කුමාරයාගේ කතාව

පින්වතුනේ, පින්වත් දරුවනේ,

අද පවා ඇතැම් විට අසාමාන්‍ය දක්ෂතා ඇති දරුවන් උපදිනවා. බුද්ධ කාලයේත් අසාමාන්‍ය දක්ෂතා ඇති දරුවෙක් සැවැත් නුවර උපන්නා. මේ ඒ කතාවයි.

ඒ දිනවල අපගේ භාග්‍යවතුන් වහන්සේ වැඩ වාසය කොට වදාළේ සැවැත් නුවර ජේතවනයේ. ඔය කාලේ සැවැත් නුවර එක්තරා නිවසක පින්වත් දරුවෙක් උපන්නා. මේ පුත් කුමරා සත් හැවිරිදි කාලේ පටන් ඕනෑම කෙනෙකුගේ පියවර ලකුණ අනුව ගිහින් ඔහුව සොයා ගන්නවා. ඔහුගේ පියාට දවසක් තම දරුවාගේ හැකියාව ගැන විමසන්ට ඕනෑ උනා. ඉතින් ඒ පියා ඔහුට හොරෙන් මිත්‍රයෙකුගේ ගෙදර ගියා. එතකොට පුත්‍රයා පියා ගිය මග ඔස්සේ ඒ පියවර සටහන් අනුසාරයෙන් ඇවිත් පියා ළඟින් සිටගත්තා.

දවසක් පියා පුත්‍රයාගෙන් මෙකරුණ ඇසුවා. "ඇත්තටම පුතේ... ඔයා කොහොමෙයි මං කාටවත් ම නොදන්වා ගිය තැන තනියම හොයා ගන්නේ?"

"අප්පච්චි... මට ඔයාගේ පියවර සටහන හඳුනාගන්ට පුළුවනි. මං පියවර සටහන් හඳුනාගන්ට දක්ෂයෙක්.

දවසක් පියා තවදුරටත් පුත්‍රයාව විමසීම පිණිස උදේ ආහාර අනුභවයෙන් පස්සේ ගෙදරින් නික්මුණා. නික්මිලා තමන්ගේ හිතවතෙකුගේ නිවසට ගියා. එතැනින් දෙවෙනි ගෙදරකටත් ගියා. එතැනින් තුන්වෙනි ගෙදරකටත් ගිහින් ඒ ගෙදරින් නික්ම තමන්ගේ ගේ දොරකඩට ආවා. ඇවිත් උතුරු දොරටුවට ගියා. උතුරු දොරටුවෙන් නික්ම නගරයට වම්පසින් ජේතවනයට ගියා. ගිහින් ශාස්තෘන් වහන්සේට වන්දනා කොට වාඩි වී බණ අසමින් උන්නා. දරුවාත් "අම්මා... අපෙ අප්පච්චි කොයිද ගියේ?" කියා ඇසුවා. "දන්නේ නෑ" කී විට සිය පියාගේ පියවර සටහන් අනුව යමින් ඒ ගමන් මගින් ම ඇවිත් ජේතවනයට ඇතුළු වී ශාස්තෘන් වහන්සේට වන්දනා කොට පියා ළඟ සිටගත්තා.

"අනේ... මයෙ පුතා කොහොමෙයි දැන ගත්තේ මං මෙහි ආ වග?"

"ඇයි අප්පච්චි... මං ඔයාගේ පියවර සටහන් ඔස්සේ නොවැ ඔයා ගිය මගින් ම හොයාගෙන මේ ආවේ."

එතකොට "උපාසක... ඔය කුමක්ද කතා කරන්නේ?" කියා ශාස්තෘන් වහන්සේ අසා වදාළා.

"අනේ භාග්‍යවතුන් වහන්ස, මේ මයෙ පුතා. මේ දරුවා පියවර සටහන් හඳුනාගන්ට දක්ෂයි. මෙයැයිව විමසන අදහසින් මං අදත් සෑහෙන ගමනක් ගොහින් මෙතැනට ආවේ. මං ගෙදර නැති බව දැන මගේ පියවර සටහන් අනුසාරයෙන් මෙයැයි මේ ඇවිත් ඉන්නේ."

"උපාසක, පොළොවේ පියවර සටහන් හඳුනාගැනීම පුදුම සහගත දෙයක් නොවේ. පුරාණ කාලයේ හිටිය නුවණැත්තෝ අහසේ පියවර සටහන් පවා හඳුනාගත්තා නොවැ"

"ස්වාමීනී, භාග්‍යවතුන් වහන්ස, අප කෙරෙහි අනුකම්පාවෙන් ඒ අහසේ පියවර සටහන් හඳුනාගත් නුවණැත්තාගේ කතාව අපට කියාදෙන සේක්වා."

"උපාසක... බොහෝ ඈත අතීතයේ බරණැස් නුවර බ්‍රහ්මදත්ත නමින් රජ්ජුරු කෙනෙක් රාජ්‍ය කරමින් සිටියා. ඒ රජ්ජුරුවන්ගේ අගමෙහෙසිය වෙනත් පුරුෂයන් සමඟ අනාචාරයේ යෙදෙනවා. රජ්ජුරුවන්ට මෙය දැනගන්ට ලැබුණා. රජ්ජුරුවෝ මෙහි ඇත්ත නැත්ත විමසා සිටියා.

"අනේ දේවයනි... කවුද ඔවැනි බොරු තමුන්නාන්සේට කීවේ? මං තමුන්නාන්සේ ඉක්ම වෙන පුරුෂයෙක් ඇසුරු කළා නම් අශ්වයෙකුගේ මුහුණක් තියෙන යක්ෂණියක් වෙලා උපදින්ට ඕනෑ" කියා බොරුවට දිවුරුවා. ඒ දේවිය මරණින් මතු එක්තරා පර්වතයක් පාමුල අශ්ව මුහුණක් ඇති යකින්නියක්ව උපන්නා. දැන් ඒ යකින්නිය ගල්ලෙනක වාසය කරමින් මහා වනාන්තරේ උඩ කෙළවර සිට පහළ කෙළවර දක්වා ගමන් යන මිනිසුන්ව අල්ලාගෙන කනවා. ඒ යකින්නි තුන් වර්ෂයක් වෙසමුනි දෙව්රජුට දර දිය ඇද දිගින් තිස්යොදුනකුත් පළලින් පස්යොදුනකුත් අතර ප්‍රදේශයේ මිනිසුන්ව අනුභව කරන්ට අවසර ගත්තා.

දවසක් එක්තරා ධනවත් වූ ඉතාම රූපසම්පන්න වූ බ්‍රාහ්මණයෙක් බොහෝ මිනිසුන් පිරිවරාගෙන ඒ මාර්ගයෙහි බැසගත්තා. එය දැක්ක යකින්නී මහා හයියෙන්

හිනැහීගෙන මිනිසුන්ව හඹා ආවා. බ්‍රාහ්මණයාගේ පිරිවර මිනිස්සු පලා ගියා. යකින්නි සුළඟ වගේ වේගයෙන් ඇවිත් බ්‍රාහ්මණයාව අල්ලාගෙන පිටේ එල්ලාගෙන ගුහාවට යමින් සිටිද්දී පුරුෂ ස්පර්ශයට ඇගේ සිත ගියා. ඔහු කෙරෙහි ආදරයක් හටගත්තා. බ්‍රාහ්මණයාව තමන්ගේ ස්වාමියා බවට පත් කරගත්තා. දැන් ඒ බ්‍රාහ්මණයාත් යකින්නත් සමඟිව ගල්ලෙනේ වාසය කරනවා. එදා පටන් යකින්නී මිනිසුන්ව අල්ලා ගන්නා විට ඔවුන් සතු වස්ත්‍ර සහල් දුරු මිරිස් තෙල් ආදිය ගෙනැවිත් නානා අග්‍ර රස බොජුන් පිළියෙල කොට බ්‍රාහ්මණයාට දෙනවා. තමන් මිනී මස් කනවා. යකින්නී පිටතට යද්දී බ්‍රාහ්මණයා පලා යාවී යන භයින් ලොකු ගල් පියනකින් ලෙන් දොර වහලා පිටත් වෙනවා.

ඔහොම දෙන්නා සතුටින් වාසය කරද්දී මහාබෝධිසත්වයෝ ඒ බ්‍රාහ්මණයා නිසා යකින්නියගේ කුසෙහි පිළිසිඳ ගත්තා. යකින්නි දසමසක් ඇවෑමෙන් පුත් කුමරෙක් බිහි කළා. ඇය පුත්‍රයා කෙරෙහිත් බ්‍රාහ්මණයා කෙරෙහිත් මහත් වූ ආදරයකින් පෝෂණය කළා. පුතාත් ලොකු වුණාට පස්සේ යකින්නි පිටතට යද්දි පුතාවත් පියාත් සමඟ ම ගල්ලෙන ඇතුලට දාලා දොර වසා පිටත් වෙනවා.

දවසක් බෝධිසත්වයෝ යකින්නි පිටතට ගියාට පස්සේ ගල් පියන බැහැර කොට පියාවත් පිටතට ගත්තා. යකින්නි එනකොට ලෙන්දොර ඇරලා.

"කවුද මේ ගල්පියන අයින් කළේ?"

"අනේ අම්මා... මට කලුවරේ වාඩිවෙලා ඉන්ට බෑ. ඒ නිසා මම යි ගල් පියන අයින් කළේ." එතකොට ඈ පුත්‍ර ස්නේහය නිසා මොකවත් කීවේ නෑ.

තව දවසක බෝධිසත්වයෝ පියාගෙන් මෙහෙම ඇහුවා. "අප්පච්චි... අපෙ අම්මාගේ මූණ හරි වෙනස්. ඔයාගේ මූණ ඊට වෙනස්. ඒ ඇයි අප්පච්චි?"

"පුතේ... ඔයැයිගේ අම්මා මිනී මස් කන යකින්නියක්. අපි දෙන්නා විතරයි මිනිස්සු."

"ඉතින් ඇයි අප්පච්චි එහෙම නම් අපි මෙතන ඉන්නේ. අපි මිනිස්සු ඉන්න පැත්තක් සොයාගෙන යමුකෝ."

"බෑ පුතේ... ඉතින් අපි දෙන්නා පලා ගියොත් ඔයැයිගේ අම්මා අපි දෙන්නාව ම මරා දමාවි."

"එහෙම කොහොමෙයි අප්පච්චි. ඔයා භය වෙන්ට එපා. මිනිස්සු ඉන්න පළාතකට ඔයාව එක්කරගෙන යන එක මට භාරයි. ඒක මං බලාගන්නම්."

පසුවදා මෑණියෝ පිටව ගියාට පස්සේ පුත්‍රයා පියාවත් රැගෙන ගල්ලෙනින් පලා ගියා. යකින්නී ඇවිත් බැලුවා. ගල්ලෙන බිඳලා, පාලුයි. කවුරුත් නෑ. එතකොට යකින්නී වේගයෙන් ඔවුන් පසුපස හඹා ගොසින් අල්ලා ගත්තා.

"ඇයි බ්‍රාහ්මණය පලායන්නේ... ඇයි තොපට මෙහේ මොනවයිං අඩුවක් ද?"

"සොඳුරී... මාත් එක්ක තරහ ගන්ට එපා. ඔයැයිගේ පුතා නොවැ මාවත් අරගෙන ආවේ." එතකොට ඈ අධික දරු ස්නේහය නිසා කිසිවක් නොකියා ඔවුන්ව අස්වසා ආයිමත් ගල්ලෙනට කැඳවාගෙන ආවා. මේ විදිහට කීප වතාවක් ම පලායන්ට උත්සාහ කළා. නමුත් යකින්නි ඔවුන්ව ආයිමත් අරගෙන ආවා.

එතකොට බෝධිසත්වයෝ මෙහෙම සිතුවා. 'අපේ අම්මාට වෙන්වුණු කැපවුණු භූමිභාගයක් තිබිබ යුතුයි. මං හෙමිහිට ඇගේ අණසක පවතින සීමාව ඇගෙන් අසාගන්ට ඕනෑ. එතකොට මට එය ඉක්මවා පලායන්ට ඇහැකි."

දවසක් බෝසත් පුත්‍රයා මව් සමඟ එකත්පස්ව වාඩිවී සිටියදී මෙහෙම ඇහැව්වා. "මයෙ අම්මා මට ආදරෙයි නොවැ... ඉතින් එතකොට... මව් සන්තක දේවල් දෙන්නේ තමුන්නේ දරුවන්ට නොවැ... අනේ මයෙ අම්මා... කියන්ටකෝ... අම්මාගේ අණසක පවතින අම්මා සතු භූමිභාගය කොතරම් විශාල ද?"

"මෙහෙමනේ මයෙ පුතේ... අසවල් අසවල් දිසාවේ අසවල් අසවල් පර්වත ගංගා තමයි සලකුණු. දිගින් තිස් යොදුනක් තියෙනවා. පළලින් පස් යොදුනක් තියෙනවා. හරිනේ මයෙ පුතේ... ඕං ඉතිං දැනගන්ට... ඔපමණ විශාල ප්‍රදේශයක පුතාගෙ අම්මාගේ බලය තියෙනවා හොඳේ."

එතකොට පුත්‍රයා දවස් දෙක තුනක් ගෙවෙන්ට ඇරියා. මෑණියෝ වනාන්තරේට ගිය දවසේ පියාවත් කරේ තියාගෙන මව් කියූ සඥ්ඥාවන් ඉක්ම යාම පිණිස සුළඟට බඳු වේගයෙන් දුවලා අවසන් සීමාව වන ගංතෙරට ආවා. යකින්නි ගල්ලෙනට ඇවිත් බැලින්නං කවුරුත් නෑ. එදාත් ඔවුන්ව හඹාගෙන ගියා. බෝධිසත්වයෝ පියාවත් රැගෙන ගංගා මැදට ආවා. යකින්නී ඇවිත් ගං තෙර සිටගත්තා. තමන්ගේ සීමාව ඉක්මවා යන බව දැනගත්තා. ඈ එතැන ම සිටගෙන කෑ ගසා අඬගැසුවා.

"අනේ මයෙ පුතේ... තාත්තාවත් ඇන්න ඉක්මනින් එන්ට දෙයියෝ... උඹලාට මයෙන් වෙච්චි වැරැද්ද

මොකක්ද? මං මොනවායින් ද සැලකුවේ නැත්තේ... අනේ බ්‍රාහ්මණය, මයෙ ස්වාමී... අනේ මයෙ පුතේ... එන්ට මයෙ දෙයියෝ...!''

එතකොට බ්‍රාහ්මණයා නදියෙන් එතෙර වුණා. "අනේ පුතේ, ඔයා මට ඔහොම කරන්ට එපා. නැවතියන් මයෙ පුතේ... අම්මා දාලා යන්ට එපා...!"

ගංගාව මැද සිටියදී ම පුතා මෙහෙම කීවා.

"අම්මේ... මේ අහන්න... අපි මිනිස්සු... ඔයා මනුස්ස අම්මෙක් නොවෙයි. යකින්නියක්. අපට හැමදාම ඔයා ළඟ ඉන්ට බෑ. අපි ආයෙමත් එන්නේ නෑ."

"මයෙ පුතේ... ආයෙත් එන්නේ ම නැද්ද?"

"ඔව්... අම්මා."

"එහෙනම් පුතේ... ඔයාලා ආයිමත් එන්නේ ම නැත්නම්, මනුස්ස ලෝකේ ජීවත් වීම දුකක් පුතේ. ඔයා මොකුත් උගත් දෙයකුත් නැතිව ජීවත් වෙන්ට අමාරුයි. මං පුතේ 'චින්තාමණී' කියලා එක්තරා විද්‍යාවක් දන්නවා. ඒකේ ආනුභාවයෙන් දොළොස් අවුරුද්දකට කලින් ගිය කෙනෙකුගේ වුණත් පියවර සටහන් සොයාගෙන යන්ට පුළුවනි. මේ චින්තාමණියෙන් ඔයාට කරදරයක් නැතිව ජීවත් වෙන්ට පුළුවනි. මේක අනර්ඝ මන්තරයක්. ගනින් පුතේ."

එබඳු වූ දුකින් පීඩිතව සිටත් යකින්නි දරු සෙනෙහස නිසා රහස් මන්ත්‍රය දුන්නා. බෝධිසත්වයෝත් නදියේ සිටියදී ම මෑණියන්ට වන්දනා කොට දෑත් විදහා දික්කොට මන්ත්‍රය අරගත්තා. "අම්මේ... දැන් එහෙනම් ඔයා යන්ට."

"අනේ මයෙ පුතේ, උඹලා ආයෙමත් එන්නැති කොට මගේ ජීවිතයෙන් වැඩක් නෑ" කියා ඈ වේගයෙන් පපුවට පහර දී ගත්තා. උසුලාගත නොහැකි පුත්‍ර ශෝකයෙන් ඇගේ හදවත පැලුනා. එතැන ම මැරී වැටුණා. ඈ මිය ගිය බව දැනගත් බෝධිසත්වයෝ තම පියාවත් කැඳවාගෙන මව් ළඟට ආවා. දර සෑයක් තනා ඇගේ සිරුර ඒ මත තබා ආදාහනය කළා. දර සෑය නිවී ගියාට පස්සේ එතැන නොයෙක් මල් වර්ගවලින් සරසා පූජා පැවැත්තුවා. මව් ගුණ සිහි කොට හඬා වැළපුනා. පියාවත් රැගෙන බරණැස බලා පිටත් වුණා. බරණැස රජ ගෙදර දොරටුව ළඟට ගිහින් "පියවර සටහන් අනුව ඕනෑම තැනකට යන්ට දක්ෂ තරුණයෙක් ඇවිත් ඉන්නවා" කියා රජ්ජුරුවන්ට පණිවිඩයක් ඇරියා. රජ්ජුරුවෝ ඇතුළට කැඳෙව්වා. එතකොට බෝධිසත්වයෝ රජු වෙත ගිහින් වන්දනා කළා.

"දරුව... තොප දන්නා ශිල්පය කිමෙක් ද?"

"දේවයන් වහන්ස, දොළොස් අවුරුද්දකට මෙපිටින් ආගිය අතක් නැති කෙනෙක් වුණත් බඩුවක් වුණත් ඔවුන්ගේ පියවර සටහන් අනුව ගොහින් සොයා ගන්ට පුළුවනි."

"බොහෝම අගෙයි. එහෙනම් මගේ සේවයට වරෙං."

"දේවයන් වහන්ස, දිනපතා කහවණු දහසක වැටුපක් ලැබෙතොත් උපස්ථාන කරන්නම්."

"හොඳයි පුත්‍රය... උපස්ථාන කරපං.'

එදා පටන් රජුගෙන් දිනපතා කහවණු දහසක වැටුපක් ලැබුණා.

දවසක් පුරෝහිත බ්‍රාහ්මණයා රජ්ජුරුවන්ට මෙහෙම කිව්වා. "මහරජ, අපි අර පදමානවකයාගේ ශිල්පානුභාවය ගැන කිසිම කටයුත්තක් නොකොට ශිල්ප දැනුමෙත් ඇති නැති බවවත් දන්නෑ නොවැ. අපි ඒ පුද්ගලයාව විමසමු නේද?"

"ඔව් ඒක බොහෝම හොඳා" කියලා රජ්ජුරුවොයි පුරෝහිත බ්‍රාහ්මණයයි දෙන්නා එකතු වෙලා මැණික් ගබඩාරක්ෂකට දැනුම් දීලා ඉතා වටිනා මැණික් පෙට්ටියක් අරං ප්‍රාසාදයෙන් බැස්සා. ඊට පස්සේ රජගේ ඇතුළේ තුන්වතාවක් ඇවිද්දා. ඊට පස්සේ ඉණිමගක් හරහට අතුරා ඒ මතින් ගිහින් ප්‍රාකාර මුදුනින් පිටතට බැස්සා. විනිශ්චය සාලාවට ගියා. එතැන හිඳගෙන සිටියා. ආයෙමත් ඇවිත් ඉණිමග හරස් අතට අතුරා ඒ මතින් ගොස් ප්‍රාකාරය මතින් ඇතුළට බැස්සා. පොකුණ ළඟට ගියා. පොකුණ වටා තුන් වටයක් පැදකුණු කළා. පොකුණට බැස්සා. පොකුණ ඇතුළත බඩු සඟවා තිබ්බා. ප්‍රාසාදයට ගොඩ වුණා.

පසුවදා උදේ රජගෙදර වටිනා මැණික් පැහැරගෙන ගිහින් කියා මහා කලබැගෑනියක් ඇති වුණා. රජ්ජුරුවෝ නොදන්නවා වගේ බෝධිසත්වයන්ව කැඳෙව්වා.

"පුත්‍රය... රජගෙදර තිබුණ මහා වටිනා මැණික් ගොඩක් අතුරුදහන් වෙලා. දැන් අපට ඒවා සොයාගන්ට ඕනෑ."

"මහරජ, දොළොස් අවුරුද්දක ඇතුළත නැති වූ බඩු සොරුන්ගේ පියවර සටහන් අනුව ගොහින් අරගෙන එන්ට පුළුවන් සමර්ථකම තියෙන මට ඊයේ රාත්තිරී නැති වූ බඩු සොයා ගන්නා එක අසිරිමත් දෙයක් නොවෙයි. ඒ ගැන මුකුත් නොසිතනු මැනව."

"එහෙනම් පුත්‍රයා... සොයාගෙන වරෙං."

"එහෙමයි දේවයන් වහන්ස" කියා පදමානවක කුමාරයා සිය මැණියන් සිහිකොට වැන්දා. ඊට පස්සේ මන්තරය මැතිරුවා. උඩුමහල් තලේ සිටියදී ම මෙහෙම කිව්වා. "මහරජ, සොරු දෙන්නෙකුගේ පියවර පේනවා" කියලා රජුගේත් පුරෝහිතගේත් පියවර සටහන් අනුව යමින් පළමුව සිරියහන් ගබඩාවට ගියා. එතැනින් නික්ම ප්‍රාසාදයෙන් පහළට බැස්සා. ඊට පස්සේ රජගේ ඇතුළේ තුන්වතාවක් ඇවිද්දා. එතැනින් ප්‍රාකාරය ළඟට ආවා. ප්‍රාකාරය මතට නැග්ගා. "මහරජ, මෙතැනින් ප්‍රාකාරයෙන් මිදී අහසේ පියවර සටහන් පෙන්නුම් කරනවා. ඉණිමගක් දෙන්න මහරජ" කියා ඉණිමගක් ගෙන්වා ගෙන එය හරස් අතට පෙරලා තබා ප්‍රාකාරයේ පිටතට බැස්සා. විනිශ්චය සාලාවට ගියා. එතැන හිඳගෙන සිටියා. ආයෙමත් ඇවිත් ඉණිමග හරස් අතට පෙරලා තබා ප්‍රාකාරයෙන් ඇතුළට බැස්සා. පොකුණ වටා තුන්වටක් පැදකුණු කළා. "මහරජ, හොරු මේ පොකුණට බැහැලා තියෙනවා" කියා තමාත් පොකුණට බැස තමන් තිබ්බ බඩුවක් ලෙසින් මැණික් පෙට්ටිය ගෙන රජ්ජුරුවෝ අතට දුන්නා. "මහරජ, මේ සොරු දෙන්නා ඉතා ප්‍රසිද්ධ මහා හොරු දෙන්නෙක්. මේං මෙතැනිනුයි ආයෙමත් රජගෙට ගොඩ වෙලා තියෙන්නේ."

මහජනයා පුදුමයට පත් වුණා. සතුටින් අත්පොලසන් දුන්නා. රජ්ජුරුවෝ මෙහෙම හිතුවා. 'හරි... මේ මානවකයා පියවර සටහන් අනුව ගිහින් සොරුන් තැබූ බඩු ගන්ට විතරයි දන්නේ. හොරු අල්ලන්ට හැකියාවක් නෑ.' රජ්ජුරුවෝ මෙහෙම කිව්වා. "හරි... දැන් තොප සොරු ගත්තු බඩු අපට ගෙනැවිත් දුන්නා නොවැ.

ඒ විදිහට සොරුන්වත් අපට අල්ලා දෙන්ට පුළුවන් ද?''

"මහරජ, සොරු ඉන්නේ මෙතැන ම යි. වැඩි ඈතක නොවේ."

"කෝ... කෝ... කවුද ඒ සොරු?"

"මහරජ, යමෙක් කැමති වෙයි ද ඔහු ම සොරා වේවා. මහරජ තමුන්නාන්සේට බඩු ලැබුණා නොවැ. සොරුන්ගෙන් ඇති එලේ කුමක්ද? ඒ ගැන නොඇසුව මැනව."

"එම්බල පුත්‍රය... මං දිනපතා තොපට කහවණු දහසක් දෙනවා. මට සොරුන්ව අල්ලා දෙන්ට ම ඕනෑ."

"අනේ මහරජ, ධනය ලැබුණා නොවැ. සොරුන් මොකටද?"

"පුත්‍රය... මට ධනයටත් වඩා වටින්නේ සොරුන්ව අල්ලා ගැනීමයි."

"මහරජ... මේ අය නම් සොරුය කියා තමුන්නාන්සේට සොරුන් ගැන මට කියන්ට බෑ. අතීතයේ සිදුවෙච්චි දෙයක් මං කියන්නම්. ඉදින් තමුන්නාන්සේ ප්‍රඥාවන්තයෙක් නම් කාරණාව තේරුම් ගනීවි" කියා මේ අතීත කතාව ගෙනහැර දැක්වුවා.

"මහරජ, ඉස්සර බරණැස් නුවර නුදුරින් ගං තෙරක පිහිටි ගමක පාටල නමින් නැට්ටුවෙක් සිටියා. මොහු උත්සව කාලෙට බිරිඳත් සමඟ බරණැස් ගොහින් නටා ගයා ධනය උපයාගන්නවා. උත්සවය අවසන් වුණාට පස්සේ බොහෝ සුරා බත් ආදිය අරගෙන ගමට යද්දි ගං තෙරට පැමිණුනා. ගඟේ අලුතින් ජලය ගලනවා දැක ගං තෙරට

වෙලා සුරා බිබී වාඩි වී සිටියා. සුරා බී වෙරි පිට තමන්ගේ බලය නොදැන මහා වීණාව බෙල්ලේ බැඳගෙන බිරිඳගේ අතත් අල්ලාගෙන එතෙර වෙන අදහසින් ගඟට බැස්සා. වීණා සිදුරෙන් ඇතුළට වතුරට ගියා. එතකොට වීණාවත් එක්ක ඔහු ගිලෙන්න පටන් ගත්තා. බිරිඳට තේරුණා ඔහු ගිලෙන්ට යන වග. එතකොට ඈ ඔහුගේ අත ගසා දමා තමන් එතෙර වෙලා ගං තීරේ සිටියා. පාටල නැට්ටුවා උඩට මතු වෙනවා, යටට ගිලෙනවා. වතුර පෙවිලා බඩ ඉදිමිලා ගියා. නැට්ටුවාගේ බිරිඳ මෙහෙම හිතුවා.

'හයියෝ... අපේ මිනිහා මෙතැන ම මැරෙන්ට වගේ යන්නේ. අනේ මං මෙයැයිගෙන් එක ගීයක්වත් ඉල්ලා ගන්ට ඕනෑ. එතකොට මට ඒකවත් ගායනා කොරලා ජීවත් වෙන්ට බැරියැ' කියා කෑ ගසා මෙහෙම කීවා.

"අනේ ස්වාමී... ඔයා වතුරේ ගිලෙනවා. අනේ මට එක ගීයක් කියා දෙන්ට. ඒකෙන්වත් මං ජීවිතේ ගැට ගසා ගන්නම්."

(1). **බොහෝ ඇසූ පිරූ බහුශ්‍රැත වූ**
ඉතා ලස්සන කතා කියනා
අපේ පාටලව නදිය අරගෙන යනවෝ
ගං දියේ ගසා යන තැනැත්ත, ඔබට සෙත් වේවා
මට දෙන්න එක ගීයක්

එතකොට පාටල මෙහෙම කිව්වා. "සොඳුරී, මං ඔයාට ගීයක් දෙන්නම්. මහජනයාට පිහිට වෙන ජලය නොවැ දැන් මාව මරන්නේ" කියා මේ ගාථාව පැවසුවා.

(2)

දුකට පත් අයට සෙත් පතන්නේ -
යම් දියක් ඉසීමෙන් නම්

ආතුරයාට සෙත් පතන්නේ යම් දියක් ඉසීමෙන් නම්
ඒ දිය මැද නොවැ මට මැරෙන්ට වෙන්නේ
පිහිට ලබා දෙන දේ නිසා ම ය භය හටගත්තේ

මෙය පැවසූ බෝධිසත්වයෝ මෙහෙම කිව්වා. "මහරජ, මහජනයාට ජලය පිහිට වෙනවා වගේ තමයි රජුගෙන් පිහිට ලැබීමත්. ඔවුන් සමීපයෙන් භය උපදිනවා නම් ඒ භය වළක්වන්නේ කවුද? මහරජ, මෙහි සැඟවුණු අරුත් තියෙනවා. අප විසින් නුවණැත්තන්ට තේරුම් ගන්ටයි කීවේ. කියූ දෙය දැනගත මැනව රජතුමනි."

"පුත්‍රය, ඔය විදිහේ තේරවිලි කතා මං දන්නේ නෑ. මට සොරුන්ව අල්ලා දීපං."

"එහෙනම් මහරජ, මෙයත් අසනු මැනව. දේවයන් වහන්ස, ඉස්සර මේ බරණැස් නුවර ම ද්වාර ග්‍රාමයෙහි එක් කුඹල්කරුවෙක් සිටියා. ඔහු වළං හදන්ට මැටි ගැනීමේදී එක ම තැනක් නිතර හැරීම නිසා ඇතුළට බෑවුම ඇතුව ලොකු වලක් හැරී ගියා. දවසක් ඔහු වලට බැස මැටි ගනිද්දී මහා අකල් වැස්සක් වැස්සා. ගල්වැලි මඩ සමඟ වතුර ගලා ඇවිත් ඔහු සිටි වලට වැටුණා. එයින් වැටුණු ගලින් ඔහුගේ හිස බිඳුනා. ඔහු හඬ හඬා මේ ගාථාව කිව්වා.

(3). **බීජ පැලවෙන්නේ යම් පොළොවක් මත නම්**
සතුන් ජීවත් වන්නේ යම් පොළොවක් මත නම්
ඒ පොළව ම යි දැන් මගේ හිස පෙළන්නේ
පිහිට ලැබෙන තැනින් ම නොවැ බිය හටගන්නේ

"දේවයන් වහන්ස, ඔය විදිහට මහජනයාට පිහිටට සිටිනා පොළොව ම යි කුඹල්කාරයාගේ හිස බින්දේ. මා

කියන්නා වූ මේ කාරණය තේරුම් ගත මැනව."

"මේ.... දරුව... මට ඔය තුන්තේරවිලි වැඩක් නෑ. ඇත්ත කියාපං. මේකා තමයි සොරා කියා මට සොරාව අල්ලා දීපං."

ඒත් බෝධිසත්වයෝ රජ්ජුරුවන්ව ආරක්ෂා කරන්ට ඕනෑ නිසා "තොප නොවැ රජුනි සොරා!" කියා නොකියා වෙනත් උදාහරණයක් ගෙනහැර දැක්කුවා.

"මහරජ, ගොඩක් ඉස්සර මේ නගරේ ම එක්තරා මිනිසෙකුගේ ගෙයක් ගිනිගත්තා. එතකොට ඔහු "අනේ හනිකට ඇතුළට ගොහිං බඩු එළියට දමාපං" කියා වෙනත් කෙනෙකුට අණ කළා. ඒ අණ ලැබූ පුද්ගලයා ගේ ඇතුළට ගියා විතරයි දොර වැහුණා. ගේ ඇතුළේ දුමෙන් ඔහුට මොකෝවත් ම නොපෙනී ගියා. එළියට පැන ගන්නා මග සොයා ගන්ට බැරිව ගෙයි ඇවිලෙන රස්නෙන් පීඩිතව ඇතුළේ සිටියදී ම හඬ හඬා හයියෙන් මේ ගාථාව කීවා.

(4)

යම් දෙයක උදව්වෙන් මෙලොවේ බතුත් පිසියි නම්
යම් දෙයක උදව්වෙන් මෙලොවේ සීත නසයි නම්
ඒ ගින්දර ම යි මේ මොහොතේ මාව නසන්නේ
පිහිට ලබා දෙන දෙයින් ම භය උපදින්නේ

ඒ නිසා මහරජ්ජුරුවන් වහන්ස, මහජනයාට ගින්දරවලින් උපකාර තියෙන්නේ යම්සේ ද එබඳු බොහෝ උපකාර ඇති එක්තරා මිනිසෙක් ඔය මැණික් සොරකමේ යෙදුණා. නමුත් සොරා කවුද කියා මගෙන් අහන්ට එපා."

"පුත්‍රයා... ඔය කතාවලින් ඇති එලේ මොකක්ද?

මට ඕනෑ ඔය එකක්වත් නොවෙයි. සොරා කවුද කියන එකයි.”

“අනේ දේවයන් වහන්ස, මට තව උදාහරණයක් කියන්ට අවසර දෙන්ට. මහරජුනි, මේ නගරයේ ම ඉස්සර හිටිය මිනිසෙක් ඕනෑවටත් වඩා බත් කෑවා. කාලා වැඩිකොමට දිරවාගන්ට බැරිව ගියා. මහා වේදනාවකට පත් වෙලා හයියෙන් හඬ හඬා මේ ගාථාව කීවා.

(5)

රජ පවුලේ හැම දෙනත් බමුණු කුලේ හැම දෙනත්
ජීවත් වන්නේ යමක් අනුභව කොට නම්
අන්න එබඳු බත් කාලා මෙදා පොටේ මං
පිහිට ලබන දෙයින් ම මට භය උපදින්නේ

ඉතින් දේවයන් වහන්ස, අපි කන බත් වගේ මහා උපකාර ඇති කෙනෙක් තමා මේ හොරකොම කරලා තියෙන්නේ. මං හිතන්නේ ඒ නිසා හොරාව හොයන එක ඕනෑ නැතෙයි කියලයි.”

“හාපෝ... එහෙම බෑ. පුත්‍රයා... මට ඔය හොරාව කොහෝමහරි අල්ලා දීපං.”

“එහෙනම් දේවයන් වහන්ස, මේ උපමාවත් අහන්ටකෝ. මේ නගරයේ ම ඉස්සර තදින් සුළං හැමුවා. ඒ සුළං වේගයට මිනිහෙක් වැටිලා ඔහුගේ දෙපා බිඳුනා. එතකොට ඔහු හඬ හඬා මේ ගාථාව කීවා.

(6)

ගිම්හානේ පායන කාලේ අන්තිම මාසයේ
සැඩ සුළං එනතුරා - පඬිවරු ආසාවෙන් බලා ඉන්නවා
තද සුළං හමා මා පෙරලා - මගේ පාදත් බින්දා
පිහිට ලැබෙන දෙයින් ම නොවැ භය උපදින්නේ

ඔන්න ඔය වගේ මහරජ්ජුරුවෙනි, මනුස්සයින්ට මහා සැපත සලසන යම් සුළඟක් ඇද්ද, එබඳු සුළඟ වගේ උපකාරී මිනිසෙක් තමා මේ හොරකොම කොරලා තියෙන්නේ. ඒ නිසා ඒ ගැන අපි වගක් නැතිව ඉම්මු."

"ඒ මක්කටෙයි වගක් නැතිව ඉන්නේ..? එහෙම බෑ පුත්‍රයා. තොප ඒ හොරාව මයෙ ළඟට ගේන්ට ම ඕනෑ."

"එහෙනම් දේවයන් වහන්ස, මේ උපමාව අහන්ටකෝ. ඉස්සර කාලේ හිමාලවනයේ අතුපතර විහිදී ගිය මහා වෘක්ෂයක් තිබුණා. නොයෙක් දහස් ගණන් කුරුල්ලෝ ඒ වෘක්ෂයේ වාසය කළා. ඒ වෘක්ෂය උන්ට මහා උපකාරයි. ඉතින් ඔය ගසේ අතු දෙක නිතරම එකට ඇතිල්ලිලා එයින් දුම් හටගත්තා. ගිනිගත්තා. මේක දැකපු ප්‍රධාන මහකුරුල්ලා මේ ගාථාව කීවා.

(7)

යම් ගසක් ඇසුරු කොට - කුරුල්ලො වසත් ද සුවසේ
ඒ මේ ගස නොවැ දැන් - බිහිසුණු ගිනි පිට කරලන්නේ
අනේ කුරුල්ලනි හනිකට - පලයව් වෙන දිසාවන් බලා
පිහිට ලබා දෙන තැනින් ම - භය උපදින්නේ

දේවයන් වහන්ස, හිමාලයේ තිබුණු ඒ වෘක්ෂය හැමෝටම පිහිට උනා. නමුත් ඒ වෘක්ෂය ම යි ගිනි පිට කරන්නේ. ඒ වගේ ම කෙනෙක් තමයි මේ හොරකම කළේ. ඒ නිසා අපි මේ ගැන නිහඬ වෙමු."

"මේ පුත්‍රය... මට නං ඕනෑ ඔය එකාක්වත් නොවේ. හොරාව ම යි. හොරාව ම අල්ලගෙන වරෙං."

"අනේ දේවයන් වහන්ස, එහෙනම් මේ කතාවත් අහන්ටකෝ.

ඕන්න කාසි ගමේ එක්තරා ගැමි ගෙදරක් තිබුණා. මේ ගෙදර පිටුපසින් බිහිසුණු කිඹුලෝ ඉන්න ගංගාවක් ගලා බැස්සා. ඔය ගෙදර අප්පච්චි මළාට පස්සේ තමන්ගේ එක ම පුතා අම්මාට ආදරයෙන් සැලකුවා. පුතාගේ අනාගතය සැලකූ අම්මා පුතා අකැමතිව සිටිද්දී කසාදයක් බන්දලා දුන්නා. අලුත් ලේලී ගෙදර ආ අලුත හරිම හොඳයි. නැන්දම්මාට ගොඩාක් ආදරයෙන් සැලකුවා.

කලක් ගතවෙද්දී ලේලිට දරුමල්ලෝ ලැබුණා. ලේලිගේ අම්මාවත් ගෙදරට එක්කරගෙන ආවා. දැන් මේ ලේලිට නැන්දම්මාව පේන්ට බෑ. දැන් ඇට ඕනෑ වුණේ නැන්දම්මාව කොහෝමහරි ගෙදරින් පන්නා දමන්ටයි. ඉතින් ඈ තමන්ගේ ස්වාමියාට නැන්දම්මා ගැන බොරු කේලාම් කියලා හිත බින්දා. "අනේ මෙයා... මට නම් බෑ ඔය ගෑණිට සලකන්ට. මට මහා වදයක්. කිසි සැනසීමක් නෑ. ඔය ගෑණි මේ ගෙදර හිටියොත් මං කොහේ හරි යනවා."

"හරි... කියන්ට එහෙනම්... මං අපේ අම්මාට මොනාද කරන්ට ඕනෑ?"

"මොනාද කරන්ට ඕනෑ? වෙන මොනා කරන්ට ද මරා දානවා හැර."

"අනේ සොඳුරී... මං කොහොමෙයි මිනී මරන්නේ? ඒක මහා භයානක කතාවක්. මට නම් කරන්ට බෑ."

"අනේ මනුස්සයෝ... ඔහේ මරන්ට ඕනෑ නෑ. ඒකි නිදාගත්තු වෙලාවට ඇඳ පිටින් උස්සාගෙන ගොහිං අර පිටිපස්සෙ ගඟට අතාරින එක නොවැ තියෙන්නේ. කිඹුල්ලො ටික ඉතුරු හරිය බලාගනීවි."

"හරි... එතකොට ඔයැයිගෙ අම්මා නිදන්නේ කොයිබද?"

"අපේ අම්මත් නිදන්නේ අර මහ එකීගෙ ඇඳ ළඟ ම තියෙන අනිත් ඇඳේ නොවැ."

"එහෙනම් සොඳුරී ඔයැයි වේලපහින් ගොහිං කාටවත් නොදැනෙන්ට අපේ අම්මාගේ ඇඳ හඳුනාගන්ට ඇහැක් විදිහට ලණුවක් ගැට ගසා එන්ට."

එතකොට ඇ රහසේ ම ගොහිං නැන්දම්මාගේ ඇඳ විට්ටමේ ලණුවක් ගැටගසා ආවා.

"හරි අනේ... ඕං මං වැඩේ කොළා. අදින් පස්සෙ මට සැනසිල්ලේ ඉන්ට ඇහැක් වේවි."

"සොඳුරී... මේ... කාටත් නින්ද යනකල් අපි ඉම්මු. රෑ ජාමෙට ගොහිං ගඟට දාන්ට බැරියැ."

ඉතින් කවුරුත් නින්දට ගියා. ඔය අතරේ මිනිහා මොකද කළේ, කාටත් හොරාට තමුන්නේ අම්මාගේ ඇඳ ළඟට ගියා. ගිහින් ඇඳ විට්ටමේ බැඳ තිබුණ ලණුව ලිහාගෙන බිරිඳගේ අම්මා නිදා සිටි ඇඳ විට්ටමේ ගැට ගැසුවා. මහ රෑ ජාමෙට බිරිඳව අවදි කරවා ගත්තා.

"එහෙනම් සොඳුරී, අපි අර වැඩේට යමු නේද?" කියා රහසේ ම නැගිටුවා ගත්තා. දෙන්නා ම ගිහින් ඇඳ විට්ටම අත ගා කලුවරේ ම ඇඳ ඔසොවා ගත්තා. ගඟ ළඟට ගොහිං ගඟට අතෑරියා විතරයි කිඹුලෝ ඇවිත් ඇගේ ජීවිතය කම්මුතු කළා. දෙන්නා නිශ්ශබ්දව ඇවිත් නිදාගත්තා.

පසුවදා උදේ බැලින්නම් නැන්දම්මා යස අගේට ඉන්නවා. බිරිඳගේ අම්මා පේන්ට නෑ. එතකොට ඇ අඬා

දොඩා නිශ්ශබ්ද වුණා. දවස් කීපයක් ගත වුණා.

"අනේ මට නම් මේ නාකි ගෑණිත් එක්ක මේ ගෙදර ඉන්ට බෑ. අයියෝ මයෙ අම්මාවයි නිරපරාදේ කිඹුල්ලොන්ට ගොදුරු වුණේ. අනේ අපි මෙහෙම කොම්මු. ඔය මහ එකීව සොහොනට අරගෙන යං. ගොහිං ගිනි තියලා එමු. එතකොට වැඩේ අහවරයි නොවැ."

"හොඳයි එහෙමවත් කොම්මු" කියලා මිනිහාත් අදහසට එකතු වුණා. දවසක් මේ දෙන්නා මහ රෑ නැන්දම්මා නිදාගත් ඇඳ පිටින් ම අමු සොහොනට ගෙනිච්චා. මිනිහා බිරිඳගෙන් රහසේ ඇසුවා. "මේ... සොඳුරී... ගින්දර ගෙනාවාද?"

"අයියෝ... මට අමතක වුණා."

"එහෙනම් ගෙදර ගොහිං ගින්දර ඇන්න වරෙං. මං මෙතැන ඉන්නං."

"අනේ බෑ... මට බයායි. එහෙනම් අපි දෙන්නා ම යමු. ඔය ගෑණිට නින්ද ගොහිං නොවැ ඉන්නෙ."

එතකොට දෙන්නා ම ගින්දර ගෙනෙන්ට පිටත් වුණා. ඔය අතරේ සීත සුළං වැදී නැන්දම්මා අවදි වුණා. තමන් ඉන්නේ අමු සොහොනේ බව තේරුණා.

'ඕ... හෝ... මං කොහොමෙයි මෙතෙන්ට ආවේ. මේ... මේකුන් මාව මරන්ට කළ වැඩක් වෙන්ට ඕනෑ. අපේ ලේලියි පුතයි තමා මෙතැන්ට මාව ගෙනත් ඇත්තේ. ඒකුන්ට ගින්දර හොයා ගන්ට බැරිව ගින්දර ගේන්ට ආපසු ගෙදර ගිහිං වගෙයි. මේකුන් මයෙ හැටි දන්නෑ. හොඳයි මං කරඤ්ඤං වැඩේ' කියලා නැන්දම්මා ඇඳෙන් බිමට බැස්සා. මළ මිණියක් අසල තියෙනවා

දැක්කා. ඈ ඒ මළ මිණිය ඇදගෙන ඇවිත් ඇඳ උඩට ගත්තා. රෙද්දෙන් වැහුවා. හෙමින් හෙමින් සොහොනේ ඈතට යද්දි ගල්ලෙනක් දැකලා ගල්ලෙනේ හැංගුනා. හැංගිලා මොනාද වෙන්නේ කියලා බලා සිටියා.

'ආං... අන්න අරුං දෙන්නා එනවා. හෝ... ඔය ගින්දර ඇන්න එන්නේ... හරි... දැන් ඕක පුච්චාපං' කියා බලාගෙන හිටියා.

අර දෙන්නා ඇවිත් මිනිය ගිනි තබා ගෙදර ගියා. කලින් දවසේ හොරෙක් ඇවිත් තමන් සොරකම් කළ වස්තුව ගල්ලෙනේ සඟවා ගියා. ඔහු රෑ ගල්ලෙනට එද්දී ගල්ලෙනේ කොණ්ඩේ කඩාගත් ගෑණියක් ඉන්නවා දැක්කා. හොරා හොඳටෝම භය වුණා. ගල්ලෙනේ යකින්නියක් ඉන්නවා ය කියා ආපසු හැරී කට්ටඩියෙක් හොයාගෙන දිව්වා.

සොරා සමඟ ආ කට්ටඩියා ඈත තියාම මන්තර මතුර මතුරා ගල්ලෙනට ආවා. එතකොට මැහැල්ලී කෑ ගසා මෙහෙම කීවා.

"අනේ මාව විශ්වාස කරපං. මං යකින්නියක් නොවෙයි. මං මනුස්ස ගැහැණියක්. උඹලා දෙන්නා ඇවිත් මේ පොදිය අන්න පලයං."

"හාපෝ... එහෙම ළඟට එන්ට බෑ. තී මනුස්ස ඉස්තිරියාවක් කියලා මං දැනගන්නේ කොහොමද?"

"මනුස්ස ස්ත්‍රීන්ගේ දිව හොඳට දැනෙනවා. අනේ කට්ටඩි මහත්තයෝ ඔයැයිගේ දිව ඉදිරියට නෙරන්ට. මං මගේ දිවෙන් දිවට දිව ගාන්නම්. එතකොටවත් දැනගන්ට මං මනුස්ස ගෑණියක් කියලා."

එතකොට කට්ටඩියා දිව දික්කළා. මැහැල්ලි ඇවිත් පැනපු ගමන් කටින් දිව ඩැහැගත්තා. දිවේ කෑල්ලක් ගෑණිගේ කටට කැඩිලා ආවා. කට්ටඩියා මරලතෝනි දීගෙන ලේ වැගිරෙන කටින් පැන දිව්වා. හොරාත් ඒත් එක්ක ම දිව්වා. එළිය වැටුණාට පස්සේ මැහැල්ලි පොට්ටනිය ලිහලා බැලුවා. වටිනා සළුපිළි කනකර අබරණ.

එතකොට මැහැල්ලි වටිනා සළුවක් ඇඳගෙන ආභරණ පොදියත් අරගෙන ගෙදර ගියා. එතකොට ලේලි ඉස්සරහට දුවගෙන ආවා.

"ආ... අම්මේ... උඹ... උඹ සොහොනේ දැවී මළා නොවැ. උඹට කොහොමෙයි පණ ආවේ... හානේ... උඹ අලුත් ම අලුත් වස්තර ඇඳගෙන."

"වස්තර විතරක් නොවේ... මේං... බලාහං මං ඇන්න ආපු වස්තුව" කියලා පොදිය බිම තියලා ලිහලා එකිනෙක කන කර ආයිත්තම් අරගෙන පෙන්නුවා.

"අනේ අම්මේ... කියාහංකෝ... උඹට මේවා කොහොමෙයි හම්බවුණේ?"

"ඇයි දුවේ... උඹලා මාව පුච්චලා මැරුවා නොවැ. ඊට පස්සේ තමයි මේ ඔක්කෝම වස්තුව ලැබුණේ."

"අනේ අම්මේ... මටත් බැරි ද ඔවැනි වස්තුව ගන්ට?"

"මොකෝ දුවේ බැරි... මං වගේ සොහොනේ පිළිස්සී මළොත් උඹට මීට වඩා ලැබේවි. උඹ ඉතිං තරුණයි නොවැ. මං වගේ යැ."

එතකොට ලේලි තමන්ගේ ස්වාමියාට නොයෙක් වර පෙරැත්ත කරලා රෑ ජාමේ ගොහිං සොහොනේ නිදාගෙන ගිනි තියවා ගත්තා. ස්වාමියාත් බිරිඳ ගිනි තියලා ගෙදර ඇවිත් තමන්ගේ බිරිඳ ලස්සන ඇඳුමින් සැරසී වස්තුව පොදි බැඳගෙන එනතුරු මග බලා සිටියා.

"ඈ... අම්මේ... උඹ... මේ වෙලාවට ගෙදර ආවා නොවැ. ඇයි අපේ එක්කෙනා තාම නැත්තේ?"

"අපේ එක්කෙනා...? ඈ... පව්කාරයෝ... තෝ ඒකිත් එක්ක එකතු වෙලා තමුන්නේ මව් මරා ගත්තා. මොකෝ මව්ට ආපහු එන්ට බෑ කියලද තෝ හිතුවේ. අරකි නං ආපහු එන්නෑ" කියා මේ ගාථාව කීවා.

(8). මල් මාලා පළඳවා සඳුන් කල්ක ඇඟ තවරා
යම් එකියක් මේ නිවසට ගෙනාවාද මං
ඒකි ම යි උනන්දු වී ගෙදරින් මා නෙරපා දැම්මේ
පිහිට ලැබුණු තැනින් ම නොවැ භයත් උපන්නේ

දේවයන් වහන්ස, නැන්දම්මාට උපකාරයට ඉන්නේ ලේලියයි. ඒ වගේ ජනතාවට පිහිට වෙන්ට ඉන්නේ රජ්ජුරුවෝ නොවැ. නමුත් භය උපන්නේ එතැනින් නම් කුමක් කරන්ට ද දේවයන් වහන්ස, මේ ගැන සලකනු මැනව.

"පුත්‍රයා... උඹේ උපහැරණ මට තේරෙන්නේ නෑ. මං කියන්නේ එක දෙයයි. උඹ මට හොරා අල්ලා දීපං."

"අනේ දේවයන් වහන්ස, එහෙනම් මේ කාරණාව අහන්ටකෝ. මේ නගරේ ම එක්තරා අඹුසැමි යුවළකට දරුවන් හිටියේ නෑ. ඔවුන් නොයෙක් පුද පූජා පවත්වා බාරහාර වී දරුවෙක් පැතුවා. පැතූ පැතුම් පරිදි පුතෙක්

ලැබුණා. පුතා උපන්න දවස්වල ඒ දෙමාපියෝ මහත් සතුටින් සොම්නසින් ඉපිල ගියා. මව්පියෝ නිසි කලවයසෙදී පුතාට ගැලපෙන සහකාරියකුත් සොයලා දුන්නා. දේපළ වස්තුවත් දුන්නා. අර තාත්තාට දැන් වැඩපළ කරන්ට බෑ. වයසයි. එතකොට ඒ පුතා "වැඩක් පලක් කරගන්ට බැරි උඹ මොකොටද මේ ගෙදර ඉන්නේ?" කියා පියාගේ ම නිවසින් පියාව එලවා ගත්තා. පියා ඉන්ට තැනක් නැතිව අගුපිල් ගානේ නිදමින් ඉතා අසරණ දිවියක් ගෙවමින් හඬ හඬා මේ ගාථාව කීවා.

(9)

යම් දරුවෙක් උපන් නිසා එදා ගොඩක් සතුටු වුණා මං
ඔහුගේ දියුණුව සැදුවේ අපටත් සලකාවී කියලයි
ඔහු ම යි අද මා නිවසින් එලවා දැම්මේ අහෝ
පිහිට සොයන තැනින් ම නොවැ භයත් උපන්නේ

දේවයන් වහන්ස, වයස්ගත මහලු පියාව රැකබලා ගැනීම පුත්‍රයා විසින් කළ යුතු ම දෙයක්. ඒ වගේ සියලු ජනතාවත් රටත් රැකගත යුත්තේ රජ්ජුරුවෝ ම යි. නමුත් මේ කාරණය උපන්නේ රජුන් ළඟින් නිසා සොරා අසවලා කියා තමුන්නාන්සේ දැනගත මැනව."

"මේ පුත්‍රයා... තොපගේ ඔය උපහැරණවලින් මට වැඩක් නෑ. තොප මට සොරා අල්ලා දෙන්ට ඕනෑ. වෙන අල්ලගන්ට සොරෙක් නැත්නම් තෝ ම යි සොරා තෝ ම යි සොරා" කියා බෝධිසත්වයන්ට ම චෝදනා කළා.

"හරි... මහරජතුමනි. එසේ නම්, ඒකාන්ත කොට සොරාව අල්ලාගන්ට කැමතිද?"

"එසේය පුත්‍රය."

"එහෙනම් මං පිරිස් මැද්දේ ම අසවලා අසවලා ය සොරා කියා කියන්නම්."

"හරි... එහෙම කරපං."

එතකොට බෝධිසත්වයෝ ඇමතිවරුත් මහජනතාවත් අමතා මෙහෙම කීවා.

"පින්වත්නි, අපගේ මේ රජ්ජුරුවන්ව ආරක්ෂා කරන්ට මං කොතෙකුත් මහන්සි ගත්තා. නමුත් තමන්ව රකින්ට දෙන්නෑ. දැන් මං සොරාව අල්ලා ගන්නවා" කියා මේ ගාථා පැවසුවා.

(10)

මෙහි රැස් වූ ජනපදවැසි රටවැසි සියල්ලෝ ම අසත්වා
යම් ජලයක් ඇත්නම් අපගේ උපකාරෙට
ඒ ජලයෙන් ම යි මේ ගිනි ඇවිලිලා තියෙන්නේ
රැකවරණය අපි පැතුවේ යම් රජෙකුගෙන් නම්
ඒ රජුගෙන් ම යි මේ බිය හටගෙන ඇත්තේ

(11)

රජ්ජුරුවෝ පුරෝහිතත් හා එකතුව -
රටයි කොල්ලකන්නේ
පිහිට ලැබෙන තැනින් ම දැන් භය ඉපදී ඇත්තේ
තම තමන් ම තමන්ගෙ ආරක්ෂාව සලසගනිල්ලා

එනිසා ජනයිනි, සොරු අල්ලාගන්ට කැමැති නම් දැන් මේ රජ්ජුරුවොත් පුරෝහිතත් අල්ලා දඬුවම් කරපල්ලා."

එතකොට මහජනයා මෙහෙම හිතුවා. 'මේ... රජා අන්‍යයන්ගේ ආරක්ෂාව සලසන කෙනෙකුව සිටියදී

තමන්ගේ බඩු තමන් ම පොකුණේ සඟවා නිරපරාධී අන්‍ය පුරුෂයෙකුට දෝෂාරෝපණය කරනවා. සොරු ම සොරුන්ව සොයනවා.

දැන් ඉඳලා මෙවැනි දේ ආයෙමත් නොකිරීම පිණිස මුන්දැලාට නිසි දඬුවම් දෙන්ට ඕනෑ' කියා මහජනයා පැනපු ගමන් රජාවයි පුරෝහිතවයි අල්ලා ගත්තා. දඬු මුගුරුවලින් පහර දුන්නා. ඔවුන් දෙන්නා ජීවිතක්ෂයට පත් වුණා. ඇමතිවරු මහජනයා හා එක්ව බෝධිසත්වයන්ව රාජ්‍යයේ අභිෂේක කෙරෙව්වා.

මෙය වදාළ භාග්‍යවතුන් වහන්සේ උපාසකට මෙසේ වදාළා. පොළොව පියවර සටහන් දැනගත් පැරණි නුවණැත්තෝ අහසේ පියවර පවා දැනගත්තා කියා වදාරා චතුරාර්ය සත්‍ය ධර්මය වදාළා. ඒ දේශනාව අවසානයේ උපාසක සෝවාන් ඵලයට පත් වුණා. එදා පියාව සිටියේ අපගේ මහා කස්සපයෝ. පදකුසලමානවක වෙලා සිටියේ මම" යි කියා භාග්‍යවතුන් වහන්සේ මේ ජාතකය නිමවා වදාළා.

07. ලෝමසකස්සප ජාතකය

රාගයෙන් නොමග ගිය ලෝමසකස්සප තාපසයාගේ කතාව

පින්වතුනේ, පින්වත් දරුවනේ,

රාගය කියන්නේ හරිම බිහිසුණු පාපී මනෝභාවයක්. ඒ රාගය සිතක බලවත් වුණොත් ඒ හේතුවෙන් ඔහු හෝ ඇය ඉතාම නීච පහත් ලාමක තත්වයකට ඇද වැටෙනවා. ලැජ්ජා භය නැති වෙනවා. පින් පව් හඳුනාගන්ට බැරි වෙනවා. පරලොවදී ලැබෙන භයානක ප්‍රතිවිපාක සිහි කරගන්ට බැරි වෙනවා. මේ ජාතකයෙන් කියැවෙන්නේ මහා පින් ඇති, මහා ආධ්‍යාත්මික බලයෙන් යුක්තව සිටි අප මහා බෝධිසත්වයෝ පවා රාගය නිසා පිරිහී ගිය ආකාරයයි. එනිසා රාගය යනු ලෝකසත්වයාගේ සිතේ උපදින ඉතා භයානක අකුසලයක් බව මේ කතාවෙන් අපට තේරුම් ගන්ට පුළුවනි.

ඒ දිනවල අපගේ භාග්‍යවතුන් වහන්සේ වැඩ වාසය කොට වදාළේ සැවැත් නුවර ජේතවනයේ. ඔය කාලයේ එක්තරා තරුණයෙක් ඉතා සද්ධාවෙන් බුද්ධ ශාසනයේ පැවිදි වුණා. නමුත් කලක් ගතවෙද්දී මේ භික්ෂුව සසුන් ප්‍රතිපදාව ලිහිල් කොට ගත්තා. ඉන්ද්‍රියයන් සංවර කරගැනීමට තිබූ උත්සාහය අඩු වුණා. වැස්ස

වසිනා විට වහලයේ ඇති සිදුරුවලින් නිවස තුළට වතුර ගලන සෙයින් ඉන්ද්‍රිය අසංවර වූ විට රාගය පහසුවෙන් සිතට හානි පමුණුවනවා.

ඉතින් මේ භික්ෂුවත් කලබල වූ, විසිරී ගිය සිතින් යුක්තව සැවැත් නුවර පිඬු සිඟා ගිය දවසක මනාකොට හැඳපැළඳගත් ස්ත්‍රියක් දැකගන්ට ලැබුණා. තමන් දුටු මේ දර්ශනය සුභ වශයෙන් මෙනෙහි කරන්ට යාම නිසා මොහුගේ සිත අසංවර වුණා. කාමයේ ආදීනව මෙනෙහි කිරීම වෙනුවට අයෝනිසෝ මනසිකාරයෙන් කාමයේ ආශ්වාදය මෙනෙහි කළා. එතකොට සිවුරට ඇති ආශාව නැති වුණා. හිත විසිරුණා. මහත් පීඩාවක් අපහසුවක් ඇති වුණා. අන්තිමේදී සිවුරු හැර ගිහි වීමේ තීරණයට ආවා.

තමන්ව පැවිදි කළ ආචාර්ය උපාධ්‍යායන් වහන්සේලා වෙත සිවුරු පිරිකර භාරදීමට සූදානම් වූ විට ඒ තෙරුන්නාන්සේලා මේ භික්ෂුව අකැමැත්තෙන් ම භාග්‍යවතුන් වහන්සේ වෙත රැගෙන ගියා. භාග්‍යවතුන් වහන්සේ මෙසේ අසා වදාළා.

"හැබෑද භික්ෂුව, මොකොද සිවුරු හැර යන්ට තරම් සසුන් ප්‍රතිපදාව ගැන කළකිරුනේ?"

"අනේ භාග්‍යවතුන් වහන්ස, මං දවසක්.... පිඬුසිඟා යද්දී ලාස්සනට හැඳපැළඳගත් එක්තරා මාගමක් දකින්ට ලැබුණා. එදා පටන් තමයි මේ සිත අවුල් වුණේ."

"භික්ෂුව, සිනේරු පර්වතය පවා කම්පා කරවිය හැකි මහා සැඩ සුළඟකට ඉදීගිය පත්‍රයක් කම්පා කරවන්ට බැරිද? ඔය රාගය නමැති අකුසලය පාරිශුද්ධ සත්වයන්වත්

කිලුටට පත්කරවනවා නම් ඔබ වැනි අයෙක්ව කම්පා කරවීම මහ දෙයක් ද?" කියා මේ අතීත කතාව ගෙනහැර දක්වා වදාළා.

"භික්ෂුව... ගොඩාක් ඉස්සර කාලේ බරණැස් පුරේ බ්‍රහ්මදත්ත රජ්ජුරුවන්ට බ්‍රහ්මදත්ත නමින් පුත්‍රයෙක් සිටියා. ඒ බ්‍රහ්මදත්ත රජ්ජුරුවන්නේ පුරෝහිතට කස්සප නමින් පුත්‍රයෙක් සිටියා. මේ දෙන්නා වැලිකෙළියේ පටන් යාළුවෝ. තක්සිලා ගොහින් එක ම ගුරු කුලයේ ශිල්ප හදාළේ.

කල් යාමේදී බරණැස් රජ්ජුරුවෝ අභාවයට පත් වුණා. බ්‍රහ්මදත්ත කුමාරයා රජ බවට පත් වුණා. එතකොට කස්සප කුමාරයා මෙහෙම සිතුවා.

'මා මිත්‍ර බඹදත් කුමාරයා රජ වුණා. දැන් මට මහා ඉසුරු සම්පත් දේවි. අනේ මට මොකොට ද ඔය යස ඉසුරු. මං මාපියන්ගෙනුත් රජ්ජුරුවන්ගෙනුත් අවසර අරං හිමාලෙට ගොහිං පැවිදි වෙනවා' කියලා.

ඉතින් කස්සප කුමාරයා මාපියන්ගෙනුත් රජ්ජුරුවන්ගෙනුත් අවසර අරං හිමාලෙට ගොහිං සෘෂි පැවිද්දෙන් පැවිදි වුණා. පැවිදි වෙලා දවස් හත ගෙවෙනකොට ධ්‍යාන සමාපත්ති අභිඥා උපදවාගන්ට පුළුවන් වුණා. ඊට පස්සේ දිගටම හිමාලයේ ඇති එලවැල ආදියෙනුත් පිඬුසිඟා යැපෙමිනුත් කල්ගත කළා. කලක් යද්දි මේ තාපසයෝ ලෝමසකස්සප නමින් ප්‍රසිද්ධ වුණා. බලවත් ඉන්ද්‍රිය සංවරයෙකින් යුක්තව උග්‍ර තපස් තේජසින් යුක්තව වාසය කළා.

ලෝමසකස්සප තාපසින්නාන්සේගේ උග්‍ර තපස් බලයෙන් ශක්‍ර භවන පවා කම්පා වුණා. තමන්ගේ භවන

කම්පා වූයේ මක් නිසා ද කියා සක්දෙව්ඳු විමසා බැලුවා. එතකොට ඔහු මේ තාපසයාව දැක්කා.

'මි... මි... තාපසයෙක්. ඔව්... උග්‍ර තේජස් ඇති මහා බලසම්පන්න තාපසයෙක්... හෝ... එතකොට මුන්දැගේ සිල් බලෙන් මගේ භවනත් සෙලවුණා ඒ? ඒ කියන්නේ මාව ශක්‍ර භාවයෙනුත් චුත කරවන්ට බලයක් ඒ?... නෑ... ඒක එහෙම වෙන්නෙ කොහොමෙයි? හභ්... බරණැස් රජ්ජුරුවන් එක්ක එකතු වෙලා මුන්දැගේ තපස බිඳින හැටි දන්නේ මං නොවැ.'

ඉතින් ශක්‍රයා එදා මැදියම් රැයේ බරණැස් රජ්ජුරුවන්ගේ සිරි යහන් ගබඩාවේ පෙනී සිටියා. සක්දෙව්ඳුගේ ආනුභාවයෙන් මුළු සිරියහන් ගබඩාව ම ඒකාලෝක වුණා. දිව්‍ය ආභරණවලින් දිලිහි දිලිහී රජුට ඉහළින් අහසේ සිටි සක්දෙව්ඳු "එම්බා මහරජ, නැගිටිනු!" කියා ඇමතුවා. ඒ හඬට රජ්ජුරුවෝ අවදි වුණා. දෑස් විදහාගෙන ඔහු දෙස බලා වැඳගෙන "ඕ... ත... තමුන්නාන්සේ කවුද?" කියා ඇසුවා.

"එම්බා මහාරාජ... හභ්... හා... මං සක්දෙව්ඳු!"

"ඕ... ඔව්... ඇ... ඇයි... තමුන්නාන්සේ මෙහි වැඩියේ?"

"එම්බා මහාරාජයෙනි, මේ මුළු මහත් දඹදිව් තලයට ම තනි රජෙක් වෙන්ට තොප කැමති ද අකැමති ද?"

"ඕ... එහෙම එකකට අකැමති කවුද?"

"එහෙනම්... මහවනයේ දැහැන් වඩන ලෝමසකස්සප ඍෂිවරයා ලවා සතුන් ඝාතනය කරවා

මහා යාගයක් කළ මැනව. සක්දෙවිඳු හා සමානව අජරාමර විලාසයෙන් තොපටත් ජම්බුද්වීපයෙහි රාජ්‍ය කළ හැකි වන්නේය" කියා මේ පළමු ගාථාව කීවා.

(1)

සක්දෙවිඳුන් වගේ තොපත් වන්නේ අජරාමර
ආනුභාව ඇති වෙනවා මතු වී දෙව්සිරි සර
ගෙන්වා ගත යුතු ම යි තොප ලෝමසකස්සප ඉසිවර
පශුඝාතන යාගය කළ යුතු වෙයි ඔහු ලවා මෙවර

"හරි... හරි... සක්දෙවිඳාණනි... තමුන්නාන්සේ ඔය කියපු ආකාරයට ම මං යාගය කරවන්නම්."

"ඔව්... බොහෝම හොඳා... ඒකට ඒ හැටි කල්ගන්ට ඕනෑ නෑ. හනික කරපං" කියා සක්දෙවිඳු නොපෙනී ගියා.

පසුවදා උදේ රජ්ජුරුවෝ 'සයිහ' නමැති අමාත්‍යයා කැඳෙව්වා. "අනේ මිත්‍රයා... මට මේ කාරණය කොහෝමහරි කරලා දෙන්ට ඕනෑ ඕං. ඔහේ දන්නවා නොවැ මා හිතාදර මිත්‍ර ලෝමසකස්සප ඉරිසින්නාන්සේ. දැන් ඔහේ උන්නාන්සේ ඉන්නා තැනක් සොයාගෙන හිමාලෙට යන්ට ඕනෑ. හරි ය? ඊට පස්සේ මගේ වචනයෙන් මෙහෙම කියන්ටත් ඕනෑ. "භවත් ඉරිසින්නාන්ස, ආං අපගේ රජ්ජුරුවෝ තමුන්නාන්සේ ලවා මහා යාගයක් කරවා හිටං සකල ජම්බුද්වීපයේ ම තනි රජ්ජුරුවෝ වෙනවාලු. එතකොට තමුන්නාන්සේටත් තමන් කැමති ප්‍රදේශයෙකින් තපෝවන භූමියක් ලැබේවි. දැන් මාත් එක්ක යාගය සිද්ධ කොරන්ට වඩින්ට" කියලා එක්කරගෙන එන්ට.

එතකොට "එසේය දේවයන් වහන්ස" කියලා සයිහ ඇමතියා ලෝමසකස්සප ඍෂිවරයා ඉන්නා තැනක් සොයා ගැනීමේ අදහසින් බරණැස් නගරයේ බෙර හැසිරෙව්වා. හිමාල වනයේ ඇවිදින මිනිසෙක් තාපසින්නාන්සේ ඉන්නා තැන පෙන්නා දෙන්ට ඉදිරිපත් උනා. සයිහ ඇමතියා ඒ මිනිහාත් පෙරටු කොට මහත් වූ පිරිවර සේනාව අරගෙන හිමාලයට ගොහිං තාපසින්නාන්සේව බැහැදැක්කා. බැහැ දැකලා රජ්ජුරුවන්ගේ පණිවුඩය දැනුම් දුන්නා. එතකොට බෝධිසත්වයෝ මෙහෙම කීවා.

"සයිහ... මොනාද ඔබ මේ කියන්නේ? ඔබට මේ මක් වුණාද?" කියා මේ ගාථාවන් පැවසුවා.

(2). අසරණ සිව්පා සතුන් මරා -
මහා යාගයක් සිදුකොට
එහි ඇති අනුසස් බලයෙන් -
කනෙහි එල්ලන කොඬොල්බරණ බඳු
වට වී සිව්මහ සමුදුරෙන් -
තිබෙනා මේ මහා පොළොව
ලැබ ගන්නට මං කිසිදා -
කැමැති නොවන්නෙමි
නින්දාවක් ම යි මේ යාගයත් -
එය දැනගත මැන සයිහ ය

(3). සයිහ බ්‍රාහ්මණය,
අසරණ සතුන් මරා යාගය කොට -
අධර්මයෙන් ලබන මෙසේ
යම් යස පිරිවර සිටිත් ද -
යම් ධන ලාභයක් ඇද්ද
යම් දිවි පැවැත්මකුත් ඇත් ද -

අධර්මයේ යෙදීමකුත් ඇද්ද
මෙය නිරයේ උපතට හේතු වෙයි -
මෙයට නින්දා වේවා!

(4)

තිරසර ගේ දොරක් නැතිව - පාත්‍රයක් අතට රැගෙන
පිඬු සිඟා සොයමින් අහරක් - ගෙවනා ජීවිතය මගේ
අධාර්මික ලෙස ලබනා යම් - ලාභයකට වඩා උතුම්

(5)

තිරසර ගේ දොරක් නැතිව - පාත්‍රයක් අතට රැගෙන
පිඬු සිඟා සොයමින් අහරක් - ගෙවනා ජීවිතය මගේ
හිංසා නැති ම ය කිසිවෙකුටත් -
රජකමටත් වඩා උතුම් මට

සයිහ ඇමතියා බෝධිසත්වයන්ගේ කතාව අසා හිස් අතින් ආපසු රජ්ජුරුවන් ළඟට ගියා. එය ඇසූ රජතුමා "ගෙන්නා ගන්ට අමාරු නම් වෙන මක්කොරන්ට ද?" කියා නිශ්ශබ්ද වුණා.

ආයෙමත් දවසක රාත්‍රියෙහි සක්දෙවිඳු පැමිණ අහසේ සිට රජ්ජුරුවන්ගෙන් ප්‍රශ්න කළා. "ඇයි මහාරාජය, ලෝමසකස්සප ඍෂිවරයා කැඳවාගෙන ඇවිදින් යාගය නොකළේ මන්ද තොප?"

"දෙවිඳුනි, තාපසින්නාන්සේව වඩමවාගෙන එන්ට කියා මං ඇමතියෙක් පිටත් කළා. ඒත් ආවේ නෑ. ඉතිං මං මක්කොරන්ට ද?"

"එහෙනම් මහාරාජය, තොපගේ චන්ද්‍රවතී රාජ දියණිය ඉන්නවා නොවැ. ඇව හොඳට සරසවා සයිහ ඇමතියා අත යවන්ට. 'ඉදින් තාපසින්නාන්ස, තොප

අපගේ යාගය කර දුන්නෝතින් මේ රාජ කන්‍යාව තොපගේ පාදපරිචාරිකාව කොට තොපට දෙනවා ය' කියලා කියන්ට. රාජකන්‍යාව දුටු ගමන් ඔහුට ඉන්ට බැරිව යනවා. ඇයට බැඳුණු සිතින් ඒකාන්තයෙන් ම මෙහෙට එනවා."

රජ්ජුරුවොත් සක්දෙවිඳුගේ උපායට එකඟ වුණා. සයිහ ඇමතියා අත චන්ද්‍රවතී රාජකන්‍යාව බෝධිසත්වයන් වෙත පිටත් කළා. චන්ද්‍රවතී රාජ කන්‍යාවත් එහි ගොස් ලෝමසකස්සප ඍෂිවරයාට වන්දනා කොට පිළිසඳර කතාබස් කළා. දිව්‍ය අප්සරාවියන් පරදවන තරමේ විස්මිත රූපශෝභාවෙන් දිලිහී සිටි ඇය ඍෂිවරයාට පෙනෙන්ට එකත්පස්ව සිටගත්තා. තමන්ට ලැබෙන්ට යන මේ රාජකන්‍යාව කවුද කියා බෝධිසත්වයෝ ඉඳුරන් බිඳ ඈ දෙස බැලුවා. ඒ බැලූ සැණින් ම ඇයට සිත බැඳී ගියා. එසැණින් ම ධ්‍යාන බලය පිරිහී ගියා!

ඉරිසින්නාන්සේගේ සිත රාජකන්‍යාවට බැඳී ගිය බව සයිහ ඇමතියාට තේරුණා. "ස්වාමීනී, ඉදින් තමුන්නාන්සේ යාගය කරලා දුන්නොත් රජ්ජුරුවෝ මේ චන්ද්‍රවතී රාජ කන්‍යාව තමුන්නාන්සේට පාවා දෙනවා දෙනවා ම යි."

"ඕ... එ... එතකොට... මී... මැව... ම... මට... දෙනවා ම ද?"

"එහෙමයි. යාගය කරලා දුන්නොත් රජ්ජුරුවෝ මැව තමුන්නාන්සේට දෙනවා ම යි."

"ම්... හොඳා... මී... මැව ලැබෙනවා නම් ඉතිං මං යාගය කොරලා දෙඤ්ඤං" කියලා හිස ජටා බැඳගෙන

පිළියෙල කොට තිබූ අලංකාර අශ්ව රථයේ නැග බරණැස බලා පිටත් වුණා.

රජ්ජුරුවෝත් ලෝමසකස්සප තාපසයෝ එනවා කියා ආරංචියෙන් ම යාගය පිණිස ලහි ලහියේ සූදානම් වුණා. තාපසයෝ මාළිගාවට ගොඩ වෙද්දී ම "හෝ... භවත් ඉරිසින්නාන්ස, ඉදින් තොප මේ යාගය කර දුන්නොත් මං සක්දෙවිඳු හා සම කෙනෙක් වෙනවා. ඒ වගේම යාගය අවසන් වූ සැණින් මාගේ චන්ද්‍රවතී දියණිය තොපට ලැබෙනවා." තාපසයෝ සතුටින් හිනැහී අනුමත කළා.

රජ්ජුරුවෝ පසුවදා ම චන්ද්‍රවතී දියණියත් සමඟ ම යාග භූමියට පැමිණියා. ඒ යාග භූමියේ ඇත්තු, අශ්වයෝ, වෘෂභයෝ, එළුවෝ, බැටලුවෝ, ගවයෝ ආදී සතුන් යාග කණුවල බිලි පූජාව පිණිස බැඳ තිබුණා. ලෝමසකස්සප ඍෂිවරයා පිළිවෙළින් සතුන්ව ගණන් කළා. සතුන් ඝාතනය කරමින් බිලි පූජාව ආරම්භ කළා. එතැනට රැස් වූ මහජනයා මේ අසාමාන්‍ය සිදුවීම දැක "අහෝ... ලෝමසකස්සප ඉරිසින්නාන්ස, තොප ඔය කරන්නේ අයුතු දෙයක්. නොසරුප් දෙයක්. අයියෝ... මෙබඳු පවක් කරන්නේ මන්ද?" කියා හඬා වැලපෙමින් කෑ ගසා මේ ගාථාවන් කීවා.

(6)

රැයේ අඳුර නසන හෙයින් -
මහබලයක් පුන්සඳටත් ඇත්තේ
දහවල් හැම දේට වඩා -
හිරු මඬල ම බලවත් වී ඇත්තේ
මහසයුරේ රළ මඩිනා නිසා වෙරළ බලවත් වී ඇත්තේ
මහණ බමුණො ඉවසීම ම බලය කොට යි ඇත්තේ

(7)

චන්ද්‍රවතී රජ දියණිය සිය පියාගෙ දියුණුව වෙනුවෙන්
මහා උග්‍ර තපස් තිබුණ සත්සුන් ඉඳුරන් පැවතුන
ලෝමසකස්සප මහා ඉසිවරයන් ලවා
අහෝ වාජපෙය්‍ය නම් බිහිසුණු යාගය කරවන්නී
හැම බල මැඩගෙන ස්ත්‍රී බලය මුදුන්පත් වුණා

ඒ අවස්ථාවේ ලෝමසකස්සප තාපසයෝ රාජකීය කඩුව ඔසොවා මංගල හස්ති රාජයාගේ ගෙලට පහර දෙන්ට සූදානම් වුණා. මරණ භයින් තැතිගත් හස්තිරාජයා මහා හඬින් විලාප දුන්නා. ඇත්රජුගේ මහා විලාපය ඇසූ අනෙකුත් ඇත්, අස්, ගව, මහිෂාදී සතුන් මරණ භයින් තැතිගෙන එක් පැහැර මහා හඬින් විලාප දුන්නා. සතුන් එක් පැහැර නැගූ හඬින් තාපසයෝ ඔසොවාගත් කඩුව ඇතිව මොහොතකට නැවතුණා. කඩුව ඔසොවා සිටියදී ම තමන් දිහා බැලුවා. හිස ජටාව පහළට ගැලවී වැටී තිබුණා. පොරොවගත් තපස් වස්ත්‍ර, ඇගේ පතේ වැඩී ගිය ලොම් පෙනුනා. සැණෙකින් සිහිය උපන්නා. කඩුව බිම අත්හැරියා. "අහෝ... අහෝ... ම... මං... වගේ විරාගී තවුසෙක්ට... මේ... මො... මොකක්ද දෙයියනේ... වුණේ... ආහ්... ම... මට කිසි...සේ...ත් ම... නොගැලපෙන... ම්... මහා භයානක පාපයක් නොවේද මේ මං කරගෙන තියෙන්නේ. හා...හ්... ම්...හ්... අයියෝ... ඇයි... මට... මෙහෙම... වුණේ!" කියා මහා කලකිරීමටත් පසුතැවිල්ලටත්, පීඩාවටත් පත්ව මේ ගාථාව පැවසුවා.

(8). **අහෝ බඹදත් රජ්ජුරුවෙනි -**
මේ චන්ද්‍රවතී කුමරිය ගැන ලෝභයෙන්
බොහො බිහිසුණු අකුසලයන් -
මා අතින් වුණේ කාමරතිය හේතුවෙනුයි

මේ පාපේ මුල සොයද්දි මට පෙනෙන්නෙ -
අයෝනිසෝ මනසිකාරයයි
රාග සහිත බන්ධනයට සිතේ තියෙන සුභ නිමිත්ත -
නුවණ ම යොදවා මං නසා දමනවා

එතකොට රජ්ජුරුවෝ මෙහෙම කීවා. "නෑ... නෑ.. මිත්‍ර තපස්වර, භය ගන්ට කාරි නෑ. මං තොපට දැන් මේ චන්ද්‍රවතී කුමරියත්, සත්රුවන් රැසකුත් පරිත්‍යාග කරනවා. පටන්ගත් යාගය දිගටම කරගෙන යන්ට."

"අනේ මහරජ්ජුරුවෙනි, මට මේ කාම ක්ලේශයන්ගෙන් කිසි වැඩක් නෑ" කියා මේ ගාථාව පැවසුවා.

(9). **බ්‍රහ්මදත්ත රජ්ජුරුවෙනි,**
ලෝකේ අති බහුලව ඇති -
කාමයන්ට නින්දා වේවා
ඔය පස්කම් සැපට වඩා -
බඹසර ම යි මට ශ්‍රේෂ්ඨ!
අත්හැරදා කාමයන් -
මං බඹසර තපස ම කරගෙන යනවා
රටත් චන්ද්‍රවතී කුමරියත් - ඔබට ම වේවා!

මෙසේ පැවසූ ලෝමසකස්සප බෝධිසත්වයෝ කසිණ භාවනා අරමුණට සිත යොදවා තමන්ගේ නැසී ගිය ධ්‍යාන සමාපත්ති ආදිය නැවත උපදවා ගත්තා. අහසේ පළඟක් බැඳ වාඩි වුණා. මෙවැනි සතුන් මරා කරනු ලබන බිලි පූජා යාගයන් නොකොට දානාදී පිංකම් කරන ලෙසත් අප්‍රමාදීව ධර්මයේ හැසිරෙන ලෙසත් අවවාද කොට යාගභූමියේ ඉතිරිව සිටි සියලු සතුන්ට අභය දානය දෙන්ට සැලැස්සුවා. අහසට පැන නැගී

හිමාලයට පිටත් වුණා. දිවි ඇති තෙක් මෛත්‍රී, කරුණා, මුදිතා, උපෙක්ඛා යන සතර බ්‍රහ්මවිහාර වඩා මරණින් මතු බඹලොව උපන්නා.

භාග්‍යවතුන් වහන්සේ මේ කතාව වදාරා චතුරාර්ය සත්‍ය ධර්මය දේශනා කොට වදාළා. ඒ ධර්ම දේශනාව අවසන් වන විට කලින් සිවුරු හැර යන්ට සිතා සිටි භික්ෂුවගේ සිත උතුම් රහත් ඵලයෙහි පිහිටියා.

"මහණෙනි, එදා සයිහ ඇමතියා වෙලා සිටියේ අපගේ සාරිපුත්තයෝ. ලෝමසකස්සප සෘෂිවරයා වෙලා සිටියේ මම" යි කියා මේ ජාතක කතාව නිමවා වදාළා.

08. චක්කවාක ජාතකය
සක්වාලිහිණියන්ගේ කතාව

පින්වතුනේ, පින්වත් දරුවනේ,

ඇතැම් අය හරිම බඩජාරියි. කෑමට බීමට ගොඩාක් කෑදරයි. කොපමණ කෑවත් සෑහීමකට පත්වෙන්නේ නෑ. කොච්චරවාත් කන එක ම යි. ඇතැම් විට එවැනි දුර්වලකමක් කෙනෙකුට පිහිටන්නේ සංසාර දෝෂයක් වශයෙන් වෙන්ට පුළුවනි. මෙය එබඳු කතාවක්.

ඒ දිනවල අපගේ භාග්‍යවතුන් වහන්සේ වැඩ වාසය කොට වදාළේ සැවැත් නුවර ජේතවනයේ. ඒ කාලේ බුදු සසුනේ සැදැහැයෙන් පැවිදිව සිටි භික්ෂුවක් සැවැත් නුවර වාසය කළා. ඒ භික්ෂුවගේ සිත තමාටත් නොදැනී ම ටිකෙන් ටික ප්‍රණීත ආහාර පාන අනුභවයට අධිකව ලොල් වී ගියා.

දැන් මේ භික්ෂුව අධික ප්‍රත්‍ය ලෝලත්වයෙන් යුක්තයි. ආචාර්ය උපාධ්‍යායන් වහන්සේලාට කළයුතු වත් පිළිවෙත් පවා මග හරිනවා. පාන්දරින් ම පාත්‍රයත් අරගෙන සැවැත් නුවරට යනවා. කෙලින් ම යන්නේ විශාඛා උපාසිකාවගේ නිවසේ තිබෙන දන්හලට යි. එතැනදී නොයෙක් කැවිලි පෙවිලි සහිතව කැඳ වළඳිනවා. ඊට පස්සේ ලැබෙන ප්‍රණීත මස් රසයෙන් යුතු ඇල්හාලේ බත් වළඳිනවා. එයින් සෑහීමකට පත් නොවී එතැනින් පිටත්

වෙනවා චුල්ල පිණ්ඩිකගේ නිවසට. එතැනින් නොයෙක් සූපව්‍යඤ්ජන සහිත බත වළඳා ඊළඟට යන්නේ අනේපිඬු මහසිටාණන්ගේ දන්හලට යි. එතැනිනුත් ප්‍රණීත බොජුන් වළඳා අනතුරුව කෝසල මහනිරිඳුන්ගේ දන්හල බලා පිටත් වෙනවා. එතැනදී ලැබෙන රාජකීය රස බොජුන් වළඳා ජේතවනයට එනවා. මේක තමයි ඒ භික්ෂුවගේ දිනචරියාව. ටික දවසක් ගතවෙද්දී මේ භික්ෂුවගේ දන් වළඳින රටාව කාටත් දැනගන්ට ලැබුණා.

දවසක් දම්සභා මණ්ඩපයට රැස්වූ භික්ෂූන් වහන්සේලා මේ ආහාරලෝලී භික්ෂුවගේ ඇති ලාමක චරියාව ගැන කතා කරමින් සිටියා. ඒ අවස්ථාවේ අපගේ භාග්‍යවතුන් වහන්සේ එතැනට වැඩම කොට පනවන ලද අසුනේ වැඩ සිටියා. භික්ෂූන් වහන්සේලා තමන් කතා කරමින් සිටි කරුණ භාග්‍යවතුන් වහන්සේට පවසා සිටියා. භාග්‍යවතුන් වහන්සේ ඒ භික්ෂුව එතැනට කැඳවා වදාළා.

"හැබෑද භික්ෂුව... ඔබ ආහාර පානයන්ට අධික ලෙස ගිජුව මෙබඳු මෙබඳු චරියාවකින් කල්ගත කරනවා ය කියන්නේ?"

"එහෙමයි භාග්‍යවතුන් වහන්ස."

"ඇයි භික්ෂුව, ශ්‍රමණ ප්‍රතිපදාවෙන් බැහැරව ආහාර ලෝලී වන්නේ? කලින් ආත්මෙකත් ඔබ අධික ආහාර ලොල් බව නිසා බරණැසදී ලැබෙන ඇත් කුණ, බලු කුණ ආදියෙන් සෑහීමකට පත් නොවී ගං තෙර හැසිරෙන්ට පටන් ගත්තා. ඊට පස්සේ කෑම සොය සොයා හිමාලයටත් ගියා" කියා මේ අතීත කතාව ගෙනහැර දක්වා වදාළා.

"මහණෙනි, ගොඩාක් ඉස්සර කාලෙක බරණැස්පුරේ බ්‍රහ්මදත්ත නමින් රජ්ජුරු කෙනෙක්

රාජ්‍ය කරමින් සිටියා. ඔය කාලේ බරණැස මහා බඩජාරි කපුටෙක් හිටියා. ඒ කපුටා ඇත් කුණ, බලු කුණ වැනි දේ කකා ජීවත් වුණා. ඒවායිනුත් සෑහීමකට පත්වෙන්ට බැරි වුණා. එතකොට ගං තෙරට ගොහිං මාළු කන්ට ඕනෑ කියා ගිහිල්ලා මැරුණු මාළු කකා හිටියා. ටික දවසක් එහෙම ජීවත්වෙලා හිමාල වනය බලා පිටත් වුණා. එහෙදී නොයෙක් පලතුරු ගෙඩි කන්ට ලැබුණා. ඊට පස්සේ ගොඩාක් මාළුන් ඉබ්බන් ඉන්න පියුම් විලක් ළඟට ඇවිත් ජීවත් වුණා.

ඔය පියුම් විලේ ස්වර්ණ වර්ණ සක්වාලිහිණි දෙන්නෙක් වාසය කරනවා. මේ කපුටා ඔවුන් දෙස බලාගෙන මෙහෙම සිතුවා. 'ෂා! මේ පක්ෂීන්ගේ ලස්සන. රන්වන් පාටයි. රූප ශෝභාවෙන් අගපත්. මෙයාලා ප්‍රණීත කෑම්බීම් අනුභව කරනවා ඇති. නැතිනම් කොහොමෙයි මෙතරම් හැඩරුව ලැබෙන්නෙ. මෙයාලා අනුභව කරන බොජුන් මක්කදැයි කියා මාත් අසාගන්ට ඕනෑ. එතකොට මටත් ඒවා හොඳ හැටියට කාලා රන්වන් ඇඟක් ලබාගන්ට ඇහැකි.' මෙහෙම සිතූ කපුටා ඔවුන් වසා සිටි ගසේ අත්තක වසා ඔවුන් ළඟට කිට්ටු වෙලා මේ ගාථාව කිව්වා.

(1). රන් පාටින් දිලිසෙනවා වස්ත්‍ර පෙරවුවා වාගේ
ජෝඩු ජෝඩු සතුටු සිතින් වනයේ හැසිරෙනවා
කුරුල්ලනේ මං තොපගෙන් මෙයයි අහන්නේ
මිනිස්සුත් කුරුල්ලොත් තොප හට -
කියන්නෙ කුමන නමක්දෝ

එය ඇසූ සක්වාලිහිණියෙක් මේ ගාථාවෙන් පිළිතුරු දුන්නා.

(2). මිනිසුන් හට හිංසා කරනා කපුටෝ
එකිනෙකාට ප්‍රිය ව සිටින -
අපට මිනිස් ලොව කියන්නෙ
සක්වාලිහිණියෝ කියලයි
කුරුලු පිරිස අපව සම්මත කොට තියෙන්නේ
කලණ මිතුරුදම් ඇති අය කියලයි
කිසි බියක් නැතිව අපි - මේ විලේ ඉන්නවා

එය ඇසූ කපුටා සක්වාලිහිණියන්ගෙන් මෙසේ ඇසුවා.

(3). භවත් සක්වාලිහිණියෙනි තෙපි -
මේ විලේ වසමින් තුටින්
මොන වගේ එලවැල ද කන්නේ
කොයි සතුන්ගේ මස් ද කන්නේ
මොන වගේ අහරක් ද ගන්නේ
තොපගේ බලයත් සිරුරේ පැහැයත් -
ඉතා මනරම් වේ

එතකොට සක්වාලිහිණියා කපුටාට මෙසේ පිළිතුරු දුන්නා.

(4). කපුටෝ මේ විල් ජලේ -
එලවැලයක් නොමැත කන්ට
සක්වාලිහිණියන් පිණිස -
වෙන සතුන්ගෙ මස් කොයින් ද
පොතු රහිතව සෙවල ජාති -
මේ ජලයේ තියෙනවා
ඒව තමයි අපි කන්නේ - අපි නම් තොප වගේ
කෑම කන්ට පව් කරන්නෙ නෑ

එතකොට කපුටා නැවතත් සක්වාලිහිණියන්ට මෙහෙම කිව්වා.

(5)

සක්වාලිහිණියනි තොපේ සෙවල කෑම ගැන -
මට පැහැදීමක් නැතේ
කලින් මං සිතා සිටියේ - මේ සක්වාලිහිණියන්ට
මොනවා හරි විශේෂ වූ - කෑම බීම ඇත කියා ය
එනමුත් ඒ අදහස දැන් - මට වෙනස් වෙලා ගියා
තොප සිරුරේ පැහැය ගැන නම් -
සැකයක් මා තුළ දැන් ඇත්තේ

(6). මං නම් කනවා මසුත්, කනවා එලවැල හැමත්
තෙල් ලුණු ඇති තව හොඳ කෑමත් කනවා
යුද්ධ බිම දිනූ සූර සෙබලෙකු සේ
මිනිස්සු කන රස කෑමත් කනවා
එහෙත් සක්වාලිහිණියෙනි මට
තොපට මෙන් ලස්සන පැහැයක් නැතේ

එතකොට සක්වාලිහිණියන්ට තේරුණා කපුටාට ඕනෑ වෙලා තියෙන්නේ ලස්සන සිරුරු පැහැයක් ඇති කර ගැනීමට බව. සක්වාලිහිණියා මේ ගාථාවන්ගෙන් පිළිතුරු දුන්නා.

(7). කපුටෝ තෝ කන්නෙ බොන්නෙ -
පිරිසිදු නැති ජරාව නොවැ
තමන් සිටි තැනින් සැණෙකින් -
වැටෙනා සුළු කෙනෙක් නේද
කන්ට බොන්ට තට ලැබෙන්නේ -
ඉතාම දුකසේ නොවේ ද
ගස්වල ඇති ගෙඩිවලින් ද -
සොහොනෙ තියෙන මස් වලින් ද
කොතරම් යැපුනත් තොප නම් -
සෑහීමට පත් නොවේ

(8). තමන් සිටින තැනින් මොහොතින් -
වැටෙනා සුළු කපුටෝ
බලහත්කාරයෙන් රැගෙන -
කෑම බීම කයි ද යමෙක්
ගැරහුම් ලබනවා එයා - ස්වභාවයෙන් ම
එලෙසින් නින්දා ලබනා ඔහුගේ -
පැහැයත් බලයත් නැතිවෙනවා

(9)

බලහත්කාරයෙන් තොරව - අනුන්ට හිංසා ද නොකොට
දැහැමිව ලද යම් බොජුනක් - බුදියි නම් යමෙක්
ඔහුගේ පැහැයත් බලයත් - යහපත් ලෙස තියෙනවා
සිරුරක තිබෙනා ලස්සන -
මුළුමනින් ම නැත කෑමෙන් හටගන්නේ

ඔය විදිහට මහණෙනි, සක්වාලිහිණියා නොයෙක් අයුරින් කපුටාට ගැරහුවා. "තොපගේ ලස්සනින් මටත් වැඩක් නෑ" කියා කපුටාත් ඔවුන්ට ගරහා පලා ගියා.

භාග්‍යවතුන් වහන්සේ මේ කතාව වදාරා චතුරාර්ය සත්‍ය ධර්මය වදාළා. ඒ ධර්ම දේශනාවේ කෙළවර ආහාරයට ලොල්ව සිටි භික්ෂුව යෝනිසෝ මනසිකාරයේ යෙදී අනාගාමී ඵලයට පත් වුණා.

"මහණෙනි, එදා කපුටා වෙලා සිටියේ මෙදා ආහාරලෝලීව සිටි භික්ෂුවයි. සක්වාලිහිණිය වෙලා සිටියේ අපගේ රාහුලමාතාවෝ. සක්වාලිහිණියාව සිටියේ මම" යි කියා භාග්‍යවතුන් වහන්සේ මේ ජාතකය නිමවා වදාළා.

09. හළිද්දිරාග ජාතකය

සායම් පෙවූ රාගය වැනි සිත් ඇති කෙනා ගැන කියූ කතාව

පින්වතුනේ, පින්වත් දරුවනේ,

අද ලෝකේ ඉන්නා අයත් වංචනික පුද්ගලයන්ගේ චාටු කතාබස්වලට ඉක්මනින් ම රැවටෙනවා. ඇතැම් කාන්තාවන්ගේ මායාකාරී වචනවලට රැවටෙනවා. ඇතැම් පුරුෂයෝත් ගෑණු දරුවන් මුලා කිරීමට නොයෙක් වංචාසහගත කතාබස් කරනවා. මොවුන්ගේ මායාකාරී බස්වලට රැවටෙන අය, පස්සේ ඔවුන් නිසා ම මහත් දුකට කරදරයට පත් වෙනවා. මේ එබඳු කතාවක්.

ඒ දිනවල අපගේ භාග්‍යවතුන් වහන්සේ වැඩ වාසය කොට වදාළේ සැවැත් නුවර ජේතවනයේ. ඔය කාලේ ඉතා ශ්‍රද්ධාවෙන් පැවිදි වී සිටි භික්ෂුවක් ජේතවනයේ වාසය කළා. මේ භික්ෂුව භාග්‍යවතුන් වහන්සේ වදාළ ධර්මානුධර්ම ප්‍රතිපදාවට අනුව හික්මෙන්ට නොවෙහෙසී හැල්ලුවෙන් වාසය කළා.

ඔය සැවැත් නුවර ම අම්මෙකුයි දුවෙකුයි වාසය කළා. දුව දීග දෙන කලවයස ඉක්මවා ගිහින් හිටියා. එතකොට අම්මා මෙහෙම කල්පනා කළා. 'තරුණ වයසේ උදවිය ඔය ඕනෑ තරම් පැවිදි වෙලා ඉන්නේ. ඉතින්

අපටත් ඒ අයගෙන් තරුණ මහණුන්නාන්සේ කෙනෙක්ව සිවුරු හරවා ගත්තොත් හරි අගෙයි. එතකොට උන්දැට මයෙ කෙලීවත් දීලා ගෙදරට ම බින්නබස්සවා ගන්ට පුළුවන් නොවැ. ගෙදර වැඩක් පලක් කරාන ඉන්නැතෑ.

ඒ අම්මණ්ඩී ඔය අදහසින් ම ප්‍රණීත භෝජන සකසාගෙන ගේ දොරකඩට ඇවිත් පිඬු සිඟා වඩින භික්ෂූන් වහන්සේලාට දානෙ බෙදනවා. දවසක් සඟ පිරිසත් එක්ක අර තරුණ භික්ෂුවත් පිඬුසිඟා වැඩියා. ඒ භික්ෂුව වැඩියේ අන්තිමට. අර අම්මණ්ඩිට තේරුණා මොහුව වසඟ කරන්ට පුළුවන් බව.

"අනේ ස්වාමීනී, මහතෙරුන්නාන්සේලා වැඩියා නොවැ. අපේ ස්වාමීන් වහන්ස, ගෙදට්ට වඩින්ට. මෙහෙ වැඩ ඉඳලා නිදහසේ වළඳලා වඩින්ට" කීවා.

එතකොට අර භික්ෂුවත් ගෙට ගොඩ වුණා. එදා අම්මණ්ඩී දූත් එක්ක එකතුවෙලා මහාත් ශ්‍රද්ධාවෙන් වගේ දන්පැන් පිදුවා. දොහොත් මුදුන් දීගෙන අනුමෝදනා බණ ඇසුවා. මහා සතුටින් වගේ මෙහෙම කීවා.

"අනේ ස්වාමීනී, අද තමයි අපි තේරෙන්ට බණ ටිකක් ඇහුවේ. ස්වාමීනී, බණ ටික සුමධුරයි. අද නං අපට හරීම සතුටුයි. අනේ අප කෙරෙහි අනුකම්පා කොට හෙටත් මෙහෙට වඩින්ට ස්වාමීනී. ඒක අපට මහා සැනසීමක්!"

මහ අම්මණ්ඩිගේ ගැටේට අර තරුණ භික්ෂුව හසුවුණා. දැන් ඔහු දිනපතා ඒ ගෙදරට පිඬු සිඟා වඩිනවා. දැන් මොහු තමයි පවුලට හිතවතා. අර දෙන්නා තමයි කැපකරු දායිකාවෝ. මහඅම්මණ්ඩිට තේරුණා දැන්

පොළොඹවා ගන්ට කාලෙ හරි බව. එදා දත් පැන් පුදලා මෙහෙම කීවා.

"අනේ සාමින්නාන්ස, මතකෙයි ඊයේ අපේ ගේ දොර හරකබාන පෙන්නුවේ. මං කීවේ මට මහා ගැටළුවක් තියෙනවා ය අද කියන්නං කියාලා. අනේ සාමින්නාන්ස, මට වෙන පුතාලත් නැනෙ. අපි දෙන්නා විතරයි ඉන්නේ. මට මයෙ දූ ගැන මහා භයක් තියෙන්නේ මෑ අසරණ වේද කියාලා." එතකොට කෙල්ල කතාවට පැන්නා.

"නෑ... අම්මා... මං කොහොමෙයි අසරණ වෙන්නේ. අපේ පවුලට දැන් අපේ ම කියා කෙනෙක් ඉන්නේ... ඇයි... මේ... මේ... ඉන්නේ" කියා මේ නාකි ලමිස්සී ඇස් කොනින් ඉඟි මරමින් හිනැහි හිනැහී කතා කළා.

ඒ දෙස බලා සිටි අර භික්ෂුවගේ හදවතට මෙය කිඳා බැස්සා. මේ ගෙදරට එක ම පිහිට තමන් නේද කියා හිතුණා. ධර්මානුධර්ම ප්‍රතිපදාව ගැන යාන්තමටවත් මතක් වුණේ නෑ.

"ම්... එතකොට... මට ද මේ හැම දෙයක් ම භාරගන්ට වෙන්නේ?"

"ඔව්... ඔව්... වෙන කාටද ඉතිං" කියා කෙල්ල හිනැහුනා. "අනේ සාමින්නාන්ස, අපට පවක් වෙන්නේ නෑ. කාටත් යහපතක් නොවැ. දන් පැන් පුදාගෙන පිංදහං කරගෙන දෙන්නාට සතුටින් ඉන්ට බැරියැ."

"ම්... එහෙනම් අම්මා... අසවල් තැන මට සරමක් තියන්ට. මං ගොහිං අපගේ ආචාර්ය උපාධ්‍යායන් වහන්සේලාට දැනුම් දීලා සිවුරු පිරිකර භාරදීලා එන්නම්" කියලා මේ භික්ෂුව තමන්ට සිවුරු හැර ගිහි වීමට

අවශ්‍යයි කියා ආචාර්ය උපාධ්‍යායන් වහන්සේලාට දැනුම් දුන්නා. එතකොට ආචාර්ය උපාධ්‍යායන් වහන්සේලා මොහු අකැමතිව සිටියදී ම භාග්‍යවතුන් වහන්සේ වෙත කැඳවාගෙන ගියා. භාග්‍යවතුන් වහන්සේ මෙසේ අසා වදාළා.

"හැබෑද භික්ෂුව, සිවුරු හැර යන්ට ඕනෑ කියන්නේ. මොකද මාගමකට සිත බැඳුනා ද?"

"එහෙමයි භාග්‍යවතුන් වහන්ස."

"භික්ෂුව, ඔය ස්ත්‍රිය පෙර ආත්මේත් ඔබව වසඟ කරගෙන සිල් බිඳ විනාශයට පමුණුවා තවදුරටත් තමා වසඟයේ තියාගන්ට වෑයම් කළා. නුවණැත්තන්ගේ අවවාදයට ඇහුම්කන් දීම නිසා එදා ඔබ බේරුණා" කියා මේ අතීත කතාව ගෙනහැර දක්වා වදාළා.

"මහණෙනි, ගොඩාක් ඉස්සර කාලෙක බරණැස්පුරේ බ්‍රහ්මදත්ත නම් රජ්ජුරු කෙනෙක් රාජ්‍ය කරමින් සිටියා. ඔය කාලේ මහාබෝධිසත්වයෝ බ්‍රාහ්මණ පවුලක උපන්නා. නිසි කල වයසේදී දෙමාපියෝ බ්‍රාහ්මණියක් ආවාහ කරලා දුන්නා. මේ දෙපලට පුත්‍රයෙකුත් ලැබුණා. පුත්‍රයා ළමා අවදියේ සිටිද්දී බ්‍රාහ්මණිය කලුරිය කළා. සිය බිරිඳගේ මරණයත් සමඟ බෝධිසත්වයන්ට ගිහි ගෙදර ඇල්ම නැති වුණා. සසර කළකිරුණා. පුතාත් කැටුව හිමාලය බලා පිටත් වුණා. ඍෂි පැවිද්දෙන් පැවිදි වුණා. දැන් මේ දෙන්නා වනයේ සතුටින් තවුස්දම් පුරනවා.

ඔය අතරේ දවසක් සොරමුලක් ගමක් මංකොල්ල කෑවා. ඒ ගමේ සිටිය තරුණ ගෑණු දරුවන්වත් පැහැර ගත්තා. ඔවුන්වත් රැගෙන වනයෙන් යද්දී එක් කෙල්ලක්

හොරෙන් ම පිරිසෙන් පැනගත්තා. වනයට රිංගා යද්දී වනයේ ඈත කුටියක් තියෙනවා දැක්කා. හිමින් හිමින් කුටියට ඇවිත් බැලුවා. යොවුන් තාපසයෙක් ඉන්නවා දැක්කා. 'හෝ... මේ ඉන්නේ හොඳ යොවුන් තවුසෙක්. මං මෙයාව පොළඹවා ගන්ට ඕනෑ. මගේ වසඟයට අරගෙන යන්ට ඕනෑ. එතකොට කොහේ හරි ගිහිං අපට ජීවත්වෙන්ට බැරියැ.'

මේ කෙල්ල ගිහින් අර තාපසයාව පොළඹවා ගත්තා. ඔහුගේ බඹසර සිල් විනාශ කොට අසද්ධර්මයේ යෙදුණා. දැන් තවුසා ඉන්නේ තමන්ගේ වසඟයේ කියා කෙල්ලට තේරුණා.

"මං ඔයාට මේ ඇත්තක් ම යි කියන්නේ. කැලේ ඉන්නකොට සිල් රකින්ට අමුතුවෙන් උත්සාහ ගන්ට දෙයක් නෑ. ඉබේ රැකෙනවා. ඒ නිසා මේ වනාන්තරේට ඇවිත් රකින සීලය උතුම් දෙයක් නොවේ. අපි යමු මිනිස් පියසට. අපි ගමට යං. ගමට ගොහින් පංචකාමය මැද ඔයාට සිල් රකින්ට මං හරිගස්සලා දෙන්නං. මොකක්ද මේ කැලෑ පැනගෙන ඇති වැඩේ!" කියා මේ ගාථාව පැවසුවා.

(1). දුර ඈත වනේකට ඇවිත් -
හුදෙකලාවෙ කුටියක වසමින්
සීතල ඉවසන එක -
මහා ලොකු දෙයක් නොවේ
යමෙක් ගමේ ගෙදර වැස -
ඉවසයි නම් සීතල රස්නය
වනයේ ඔබගේ ඉවසීමට වඩා -
ගෙදර සිටන් කරනා ඉවසීම උතුම්

"හරි... එහෙනම් අපි ඉක්මනට මෙතනින් පැන ගම්මු."

"අනේ අක්කේ... මං කොහොමෙයි යන්නේ? අපේ පිය තාපසතුමා එලවැල අරගෙන එන්ට පාන්දරින් ම මහ වනේට ගියා. එයැයි ආ ගමන් මං අහලා එන්නං."

එතකොට ඈ මෙහෙම හිතුවා. 'හාපෝ... මේ වැඩේ හරියන්නේ නෑ. එතකොට මෙයැයිට අප්පච්චියෙකුත් ඉන්නවා නොවැ. මහ තාපසයා මාව දැක්කොත් එලවැල කද පැත්තකින් තියලා කත් ලීයෙන් මට තලාලා එලවා ගනීවි. මං කලින් ම යන්ට ඕනෑ.'

"හරි... එහෙනම් මං කලින් ම මගතොට බලාගන්ටත් එක්ක යන්නං. ඔයා තාපසයා ආවිට කියලා එන්ට ඕනෑ හොඳේ" කියා පිටත් වුණා. ඒ ස්ත්‍රිය ගිය මොහොතේ පටන් පොඩි තාපසයා දර ගෙනාවෙත් නෑ. වළඳින පැන්, පරිභෝග කරනා පැන් ගෙනාවෙත් නෑ. පිය තවුසා ආපසු එනකල් ගෙපිලට වෙලා මග බලාගෙන ඔහේ කල්පනාවට වැටී වාඩිවෙලා උන්නා.

සවස් වෙලා බෝධිසත්වයෝ ආවා. පොඩි තවුසා ඉන්නා හැටියෙන් ම මොහු නම් අද ස්ත්‍රියකගේ වසඟයට ගිහින් කියා තේරුම් ගත්තා. "ඇයි දරුවෝ මොකද ඔය... දර ගෙනල්ලත් නෑ. පැන් භාජන පුරවලත් නෑ. මොකෝ ඔය බලාගත් අත බලාන වාඩිවෙලා ඉන්නේ?"

"නෑ... පියාණනි, මං මේ කල්පනා කර කර සිටියේ වනයට වෙලා සිල් රැකලා වැඩක් නෑ. වනයේ රකින සිල් මහත්ඵල මහානිශංස නෑ. නමුත් මිනිස් පියසට වෙලා සිල් රකින්ට ඇත්නම් ඒක තමයි මහත්ඵල මහානිශංස.

එනිසා මං ගමට යන්ට ඕනෑ. මගේ යාළුවා මට පස්සේ එන්ට කියලා වේලාසනින් ගියා. මං එයැයිතුත් එක්ක ගමට යනවා. ඉතිං මං ගමට ගියාට පස්සේ කොයි වගේ පුද්ගලයෙක්ව ද ඇසුරට ගන්ට ඕනෑ?" කියා මේ ගාථාව ඇසුවා.

(2). පියාණනී මං වනයෙන් -
ගමේ පදිංචියට යි දැන් යන්නේ
ගමේ සිටින විට මා හට -
ඇසුරු කරන්නට ඕනෑ
මොන විදිහේ සිල් තියෙනා -
මොන විදිහේ ගතිගුණ ඇති
කෙනෙක්ව ද කියා මා හට - පහදා දෙනු මැනේ

එතකොට බෝධිසත්වයෝ මේ ගාථාවලින් පොඩි තවුසා ඇසූ ප්‍රශ්නයට පිළිතුරු දුන්නා.

(3). මේ වනයෙන් පිට ගියවිට පුතේ
යමෙක් සිටී නම් තොප හා විශ්වාසයෙන්
ඒ විශ්වාසයත් බොහෝ දිගුකල් පවත්වයි නම්
තොපගේ බසට ඔහු ඇහුම්කන් දෙයි නම්
තොපගේ වචනයත් ඔහු ඉවසයි නම්
අරගනිං මොහු ඇසුරට

(4). මේ වනයෙන් පිට ගිය විට පුතේ
යමෙකුගේ කයින් හෝ -
වචනයෙන් හෝ සිතින් හෝ
තොපට වරදක් නොම කරයි නම්
මව් වඩා ගන්නා පුතෙකු සේ
ඔහු විශ්වාසයෙන් ඇසුරට ගනිං

(5). මේ වනයෙන් පිට ගියවිට පුතේ
යමෙක් හැසිරෙයි නම් දහමේ
දහමේ හැසිරීම නිසා - ඔහු උඩගු නොවේ නම්
දානාදී පින් කරනා නුවණැතියෙක් නම්
අරගනිං මොහු ඇසුරට

(6). මේ වනයෙන් පිට ගියවිට පුතේ
කහපාට සායම් පොවා ගත්තෙක් වැනිව සිටිනා
වඳුරෙකුගේ වැනි චපල සිත් ඇති කෙනා
සැණෙකින් හිතවත් වී සැණෙකින් අත්හරිනා
මොහු පමණක් ඉතිරි වුණොත්
දඹදිව සියලු මිනිසුන්ගෙන් හිස් වී ගියත්
මොහුව ඇසුරට ගන්ට එපා

(7). මේ වනයෙන් පිට ගියවිට පුතේ
කිපී ගියවිට සර්පයෙකු සේ -
වෛර බැඳගනියි නම් යමෙක්
අසූචියෙන් වැකී ගිය මාවතක් බඳු වෙයි නම්
යානයෙන් යන කෙනා වැරදි මාවත අත්හරින සේ
මෙබඳු අසත්පුරුෂයා දුරින් ම දුරු කළ යුතු ම යි

(8). පුත්‍රයා,
අසත්පුරුෂයා හා වැඩිය ඇසුරට ගියෝතින්
අයහපත ම යි වැඩිවෙලා යන්නේ
සතුරෙකුගේ ඇසුරින් වෙන් වී සිටින සේ
අසත්පුරුෂ ඇසුරින් හැම දා වෙන් විය යුතු ම යි

(9). පුත්‍රයා,
මං තොපගෙන් මෙයයි ඉල්ලන්නේ
මාගේ වචනය කරපන්

යන්ට එපා අසත්පුරුෂ ඇසුරට නම්
අසත්පුරුෂයා හා එක්වීම නම් දුකකි

මේ අවවාද අසා සිටි පොඩි තාපසයා පිය තවුසාට මෙහෙම කීවා.

"අනේ අප්පච්චි, මං මනුස්ස වාසයට ගොහිං ඔබ වැනි නුවණැතියෙක්ව ඇසුරට නම් ලැබෙන්නේ නෑ. එනිසා මට දැන් එහේ යන්ට භයයි. මං මෙහි ම අප්පච්චි ළඟ ඉන්නවා" කියා එහි ම නැවතුණා.

එතකොට තාපසයා පොඩි තාපසයාට තවදුරටත් අවවාද කොට කසිණ භාවනාවෙහි හික්මවූවා. පොඩි තාපසයාත් සුළු කලකින් ධ්‍යාන අභිඥා උපදවා ගත්තා. මහ තාපසතුමා මරණින් මතු බ්‍රහ්ම ලෝකයේ උපන්නා. පොඩි තාපසයාත් බඹලොව ම උපන්නා.

මෙය වදාළ භාග්‍යවතුන් වහන්සේ චතුරාර්ය සත්‍ය ධර්මය දේශනා කොට වදාළා. ඒ ධර්ම දේශනාව අවසානයේ සිවුරු හැර යන්ට සිතා සිටි භික්ෂුව සෝවාන් ඵලයට පත් වුණා. "මහණෙනි, එදා පොඩි තාපසයා වෙලා සිටියේ මේ සිවුරු හැර යන්ට හැදූ භික්ෂුව යි. එදා පොඩි තාපසයාව පොළඹවා ගත් තැනැත්තිය වෙලා සිටියේ අදත් මේ භික්ෂුව ගිහි කරවා ගන්ට මාන බැලූ ස්ත්‍රියයි. එදා පොඩි තාපසයාට අවවාද කොට ධර්මයෙහි පිහිටවූ මහ තවුසාව සිටියේ මම" යි කියා භාග්‍යවතුන් වහන්සේ මේ ජාතකය නිමවා වදාළා.

10. සමුග්ග ජාතකය

කරඬුවක ස්ත්‍රියක් තබා රැකගත් යක්ෂයාගේ කතාව

පින්වතුනේ, පින්වත් දරුවනේ,

අපගේ බුදුරජාණන් වහන්සේගේ ශාසනයේ පැවිදි වූ භික්ෂූන් වහන්සේලා අතර සිටි ඇතැම් භික්ෂූන් තමන්ගේ නොසැලකිලිමත්කම නිසා අමාරුවේ වැටුණු අවස්ථා තියෙනවා. බුදුරජාණන් වහන්සේ අපට වදාළේ උතුම් බඹසර රැකගැනීමට ඉඳුරන් සංවර කරගෙන වාසය කිරීමට යි. ස්ත්‍රිය බඹසරට ඇති කිලුට නිසා ඔවුන්ගෙන් දුරස්ථව වාසය කරන ලෙසයි. එසේ ම භික්ෂුණීන්ටත් අවවාද කොට වදාළේ ස්ත්‍රියගේ බඹසරට පුරුෂයා කිලුටක් බවයි. විරාගී චරණයෙන් යුතු සසුන් බඹසර පිණිස පැවිද්දා කැපවිය යුතු ම යි. නැතිනම් සුළු ප්‍රමාදයෙන් ආපස්සට වැටෙනවා. මෙය එබඳු කතාවක්.

ඒ දිනවල අපගේ භාග්‍යවතුන් වහන්සේ වැඩ වාසය කොට වදාළේ සැවැත් නුවර ජේතවනයේ. ඔය කාලේ ජේතවනයේ සිටි එක්තරා භික්ෂුවකට පිඬු සිඟා යද්දී නොමනා ආකාරයෙන් ඇඟපත සරසා සිටි ස්ත්‍රියක් දකින්ට ලැබුණා. ඒ දැක්ම ගැන අයෝනිසෝ මනසිකාරයේ යෙදීම නිසා මේ භික්ෂුවට පැවිද්ද ගැන

තිබූ ආසාව නැති වුණා. සිවුරු හැර ගොස් ගිහි ජීවිතයක් ගත කරන්ට හිතුණා. මේ වග දැනගත් මේ භික්ෂුවගේ ආචාර්ය උපාධ්‍යායන් වහන්සේලා මොහුව භාග්‍යවතුන් වහන්සේ ළඟට කැඳවාගෙන ගියා. භාග්‍යවතුන් වහන්සේ මෙසේ අසා වදාළා.

"හැබෑද භික්ෂුව, ඔබ ස්ත්‍රියක කරකාරෙට ගන්ට ආසාවෙන් සිවුරු හැර යන්ට සිතුවා ද?"

"එහෙමයි ස්වාමීනී."

"ඇයි භික්ෂුව, මෙවන් දුර්ලභ පැවිද්දක් ලබා සිටියදී මාගමක් පතන්නේ? භික්ෂුව ඔය මාගමුන් අශීලාචාරයි. අකෘතඥයි. කෙළෙහිගුණ හඳුනන්නේ නෑ. භික්ෂුව ඔබ දන්නවා ද, ඉස්සර එක දානව රාක්ෂසයෙක්, ඒ කියන්නේ අති බිහිසුණු රකුසෙක් ස්ත්‍රියකට ආලය බැඳ ඇව කරඬුවක දමාගෙන ඒ කරඬුව ගිලදමා කුස ඇතුළේ තියාගෙන රැකලත් රැකගන්ට බැරි වුණා. ඔබ කොහොමද ස්ත්‍රියක් තමන්ගේ වසඟයෙහි දිගටම තියාගෙන රකින්නේ?" කියා මේ අතීත කතාව ගෙනහැර දක්වා වදාළා.

ගොඩාක් ඉස්සර කාලෙක බරණැස්නුවර බ්‍රහ්මදත්ත නමින් රජ්ජුරු කෙනෙක් රාජ්‍ය කරමින් සිටියා. ඔය කාලේ මහාබෝධිසත්වයෝ බ්‍රාහ්මණ පවුලක උපන්නා. පසුකලක කාමයන් අත්හැර හිමාලයට ගොහින් සෘෂි පැවිද්දෙන් පැවිදි වුණා. ධ්‍යාන අභිඥා සමාපත්ති උපදවාගෙන එලවැලවලින් යැපෙමින් වාසය කළා. ඒ බෝධිසත්වයන්ගේ කුටියට නුදුරින් එක්තරා බිහිසුණු රකුසෙක් වාසය කරනවා. ඔය රකුසා වරින්වර බෝධිසත්වයන් ළඟට ඇවිත් බණ අසනවා. හැබැයි මොහු

ජීවත් වෙන්නේ වනාන්තරේ මිනිස්සුන් යන මාවතේ රැකගෙන ඉඳලා මිනීමස් කෑමෙනුයි.

ඔය කාලේ කසී රටේ වාසය කළ එක්තරා ධනවත් කුලකාන්තාවක් එක්තරා පිටිසරබද ගමක වාසය කළා. ඈ උත්තමරූපධර ශෝභාසම්පන්න ස්ත්‍රියක්. දවසක් ඇය මව්පියන් බලන්ට කසී රටට ගියා. ගිහිං මව්පියන් දැක ටික දවසක් නැවතුණා. නැවත ආපසු එද්දී දානව රකුසා මග රැක සිටි වනගත මාවතෙනුයි එමින් සිටියේ. රකුසාට මේ පිරිස දැකගන්ට ලැබුණා. බිහිසුණු වේශයක් මවාගෙන මිනිසුන් පිටුපසින් පන්නාගෙන ආවා. හයින් තැතිගත් මිනිසුන් අර ස්ත්‍රිය දමා තමන් ගත් ආයුධත් බිම දමා හිස් ලූ ලූ අත පලාගියා. දානව රකුසා ඇවිත් දෝලාවේ සිටින්නේ කවුරුදැයි එබී බැලුවා. අතිශයින් රූප ශෝභා ඇති ස්ත්‍රියක්. ඇය දුටු සැණින් රකුසාගේ සිත ඈ කෙරෙහි ඇදී ගියා. රකුසා ඇයව තමන්ගේ ගල්ලෙනට කැඳවාගෙන ගොස් තමන්ගේ භාර්යාව කරගත්තා.

එදා පටන් මේ රකුසා අර ස්ත්‍රියට සහල් ගිතෙල් මස් මාළු එළවළු පළතුරු ආදිය ගෙනැවිත් දෙමින් ඇයට මහත් ආදරයෙන් සැලකුවා. ඇයට අලංකාර වස්ත්‍ර ගෙනැවිත් දුන්නා. ඇයව වැඩියෙන් රැකබලා ගන්ට හිතාගෙන කරඬුවක් රැගෙන ඇවිත් ඇයව ඒ කරඬුවේ සතපවා පියනින් වසා ගිලිනවා. කුස ඇතුළේ තබාගෙන මහත් ආදරයෙන් රැකගන්නවා.

දවසක් මේ රකුසා වතුර නාගන්ට එක්තරා විලකට ගියා. ගිහින් කරඬුව වමැරුවා. කරඬුව බිමින් තබා පියන හැර ඇයව ආදරයෙන් එළියට ගත්තා. වතුර නැව්වා. සුවඳ විලවුන් ගැල්ලුවා. මල්වලින් සැරසුවා.

"මයෙ ආදර සොඳුරී... එහෙනම් ඔයා එළිමහනේ ටිකක් විවේක ගන්ටකෝ. මං නාගෙන එන්නම් හොඳේ. ඔයා පරෙස්සමින්... ඉන්ටකෝ එහෙනම්" කියා අවට පරිසරයේ කාත් කවුරුත් නැති නිසා ටිකක් ඈතට ගිහින් විල් දියේ කිමිදී නාන්ට පටන් ගත්තා.

ඔය අතරේ වායුසපුත්ත නම් වූ එක්තරා විද්‍යාධරයෙක් කඩුවකින් සන්නද්ධව අහසින් යනවා. අර ස්ත්‍රියට අහසින් යන විද්‍යාධරයා දකින්ට ලැබුණා. 'අනේ මෙහේ එන්ට' කියා කටින් නොකියා හස්ත මුද්‍රාවෙන් පැවසුවා. මෙය දුටු විද්‍යාධරයා වහා බිමට පාත් වුණා. ඔහු ආ ගමන් ඈ ඔහුට කරඬුව ඇතුළට යන්ට කීවා. රකුසා එනවා ද කියා කරඬුව උඩ වාඩි වී මග බලා සිටියා. රකුසා එනවා දුටු ගමන් කරඬුව ඇරලා විද්‍යාධරයාව සළුවෙන් වැහුවා. තමන් ඔහු මතින් වැතිරුණා. රකුසාට පෙනුනේ ස්ත්‍රිය විතරයි. කරඬුව ගැන සොයා නොබලා මේ මාගේ බිරිඳ නොවැ යන හැඟීමෙන් නැවතත් ගිල දැම්මා.

එදා රකුසා තමුන්නේ ගුහාවට යන අතරමගදී 'මට අපේ තාපසින්නාන්සේව කාලයකට දකින්ට ලැබුණේ නෑ නොවැ. මේ ගමන් ම ගොහින් උන්නාන්සේවත් වන්දනා කොරගන්ට ඕනෑ' කියලා තාපසයාගේ කුටිය දෙසට ගියා. තාපසයා දුරින් ම එන රකුසාව දැක්කා. රකුසාගේ කුසේ ඉන්නා දෙන්නාවත් තාපසයා දැක්කා. දැකලා මේ ගාථාව පැවසුවා.

(1). අනේ මේ භවත් තුන්දෙනා -
කොහේ ගොහිං එන ගමන් ද
බොහොම හොඳයි මෙහි ආ එක -
ඇඳි නොගෙන ඉන්නෙ මන්ද

පින්වත් තොප තුන්දෙනා ම -
නිදුකින් සුවසේ සිටිත් ද
ඔබ රකුසෝ මෙහි ආවේ -
කලකට පස්සේ නොවේ ද

මෙය ඇසූ රකුසා අන්දමන්ද වුණා. මෙහෙම සිතන්ට පටන් ගත්තා. 'හෑ... තාපසින්නාන්සේ මොනාද මේ කියන්නේ?... මං මෙහේ ආවේ තනියම නොවැ. ඇයි මෙහෙම කියන්නේ... මොන වගේ දෙයක් දැකල ද? මෙහෙම බොරු දොඩන්නේ තාපසින්නාන්සේගේ සිහි විකල් වෙලා වගෙයි. හනේ හපොයි!' සිතා මේ ගාථාව පැවසුවා.

(2). **පින්වත් තවුසාණෙනි මං -**
ආවේ හුදෙකලාවේ ය
මා සමගින් ආ වෙනෙකෙක් -
මෙහි දකින්ට නොමැත්තේය
'අනේ මේ හවත් තුන්දෙනා -
කොහේ ගොහිං එන ගමන් ද'
කියා ඇසූ මේ කතාවෙ -
අගමුල මට නොතේරේ ය

'හෝ... මිත්‍රයා... එසේ නම් තොප මේ කතාවේ විස්තර දැනගන්ට සතුටු ඇති."

"එහෙමයි තාපසින්නාන්ස."

"එහෙනම්... ඕං අසාගනිං" කියා තාපසයා මේ ගාථාව පැවසුවා.

(3). **තොප අදරැති ප්‍රියම්බිකා -**
දමා කරඬුවක අගේට

ගිලි එය තොපගේ කුස තුළ -
ඇති වග මට පෙනේ සොඳට
හැම කල්හි ම කුස රඳවා -
තොප ඈ රකිනවා යසට
වායුපුත්‍ර නම් විදුදරයෙක් -
ඉන්නවා දැන් මේ කරඬුව තුළ
තොපගෙ බිරිඳ ඔහු සමගින් -
කෙලෙස් රතියෙ යෙදෙයි රඟට

මෙය ඇසූ රකුසා මහත් පීඩාවට පත් වුණා. 'අයියෝ... මං මෙතරම් ආලවන්තකොමින් රැකපු එකී විද්‍යාධරයෙක් එක්ක මං ගිලපු කරඬුව ඇතුළේ කෙලෙස් රතියේ යෙදෙනවාලු... අහෝ... ඔය විද්‍යාධරයෝ මහා මායාකාරයෝ. කඩුවකින් සන්නද්ධ වෙලයි ඕකුං ඉන්නෙ... හප්පේ... මේකා මයේ බඩ පලාගෙන පලායන්ට බැරි නෑ' කියලා හයින් තැති ගත්තා. හනිකට කරඬුව කුසෙන් එළියට වමැරියා. තාපසයා ඉදිරියේ තැබුවා.

මෙය වදාළ භාග්‍යවතුන් වහන්සේ මේ ගාථාව වදාළා.

(4)

තවුසා කියූ මෙ බස් අසා - දුකට පත් වුණා රකුසා
පිටතට ගෙන ඒ කරඬුව - පියන විවර කොට බැලුවා
වායුපුත්‍ර විදුදරයව - වැළඳ පෙමින් සිටින බිරිඳ
රකුසා දුන් මල්මාලා - සරසා සිටි හැටි දුටුවා

කරඬුවේ පියන විවර කළ සැණින් විද්‍යාධරයා මන්ත්‍ර ජප කරමින් කඩුවත් අරගෙන අහසට පැන නැගී පලා ගියා. මේ දෙස දෑස් විදහාගෙන පුදුමයෙන් බලා සිටි රකුසා බෝධිසත්වයන්ට ප්‍රශංසා කරමින් මේ ගාථාවන් පැවසුවා.

(5). ඉසිවරයාණෙනි තොප හට -
උග්‍ර තපස් ගුණ තිබේ ය
මෙකරුණ හරි පැහැදිලි ලෙස -
තොප දිවැසට දිස් වුණේ ය
මගෙ පණටත් වඩා පෙමින් -
මේකිව මං සුරැක්කේ ය
මේකි ම මට ද්‍රෝහි වෙලා -
වෙන මිනිහෙක් වෙත ගියා ය
ගෑණුන් හට වසඟ පිරිමි -
ලොවේ හීන දීනයෝ ය

(6)

වනේ සිටින මහතවුසෙක් - ගින්නක් පුදනා විලසින්
මාත් දිවා රෑ දෙකේ ම - මේකිට උවටැන් කළේ ය
පතිවත් දම් බිඳගෙන මෑ - අධර්මයේ හැසිරුණා ය
මේ ලාමක මාගම නම් - ඇසුරට සුදුසු ම නොවේ ය

(7)

අනේ මේකි මා කුස තුළ - සුවසේ ඉන්නවා නේද
මගේ බිරිඳ මගේ බිරිඳ - කියමින් මා දෙමින් හාදු
සිටියමුත් සිතා එලෙසින් - අසත්පුරුෂ අසීලාචාර
මේකි ම පතිදම් බිඳගෙන - අධර්මයේ හැසිරුණා ය
මේ ලාමක මාගම නම් - ඇසුරට සුදුසු ම නොවේ ය

(8). ලබැඳි සිතින් ආදරයෙන් මං මේකිව -
රැකගත් බව නෑ ඈ පිළිගන්නේ
නොයෙකුත් ලාමක සිතිවිලි බර වූ -
ගෑණිය රැකගන්නට බෑ ම යි
කම්රතියෙන් ඈ සනසනු බෑ ම යි -
මුහුදේ පාතාලයක් වගෙයි

ගෑණියකගෙ වසඟෙට පත් මිනිසා -
ඈය නිසා ම වැනසී යනවා ම යි

(9). එනිසා ලොව ඇතැම් පිරිමි -
මාගමුන් අත්හැර වසත් නම්
ඔවුහු ය සැපසේ වසන්නෝ -
ශෝක රහිතව කල් ගෙවන්නෝ
මේ උතුම් දැහැන් සුව පතන කෙනා -
මාගමුන් හා ඇයිහොඳයිකම් -
නොපවත්වන්නේ ය

මෙසේ කියූ රකුසා බෝධිසත්වයන්ගේ පාමුල හඬා වැටුණා. "අනේ ස්වාමීනී, තොප මෙය දුටු නිසා ම යි මයෙ පණ බේරාගන්ට ලැබුණේ. නැතිනම් මේ පව්ටු ගෑණි අර විද්‍යාධරයා ලවා මාව මරවා දමන්ට ඉඩ තිබුණා."

"හරි දැන් ඉතින් උඹ බේරුණා නොවැ. දැන් ඉතින් මේ තැනැත්තීට මොකෝවත් හිංසා පීඩාවක් කරන්ට එපා. උඹ දැන් පන්සිල් සමාදන් වෙයං. උඹේ යහපත සලසා ගනිං" කියලා රකුසාව පංචශීලයේ පිහිටෙව්වා.

"හාපෝ... මදෑ මං කුසේ තියාගෙන පණ වගේ ආරස්සා කරපු එකීගෙ තරම. අනේ ස්වාමීනී, මං කරඬුවක දමාගෙන ගිලලා හිටං කුසේ තියාගෙන ඉඳලත් ඉස්තිරියාවී ආරස්සා කොරන්ට බැරිනං අනිත් එවුං මේකිලාව රකින්නේ කොහොමෙයි?" කියා ඒ ස්ත්‍රියට යන්ට අතැරලා රකුසා තනියම තමන්නේ ගල්ලෙනට ගියා.

භාග්‍යවතුන් වහන්සේ මේ කතාව වදාරා චතුරාර්ය සත්‍ය ධර්මය දේශනා කොට වදාළා. ඒ ධර්ම දේශනාවේ

අවසානයේ ස්ත්‍රියක් නිසා සිවුරු හැරයන්ට සිතා සිටි භික්ෂුව සෝවාන් ඵලයට පත් වුණා. "මහණෙනි, එදා දිවැස්ලාභී තවුසා වෙලා හිටියේ මම" ය කියා භාග්‍යවතුන් වහන්සේ මේ ජාතකය නිමවා වදාළා.

11. පූතිමංස ජාතකය

කුණුමසා නමැති හිවලාගේ කතාව

පින්වතුනේ, පින්වත් දරුවනේ,

බුද්ධ ශාසනයේ පැවිදි වූ අයෙකුට ඉතාමත් උපකාරී වන්නේ තමන්ගේ ඇස් කන් ආදී ඉඳුරන් සංවර කරගැනීම යි. ඉඳුරන් අසංවරව වාසය කළොත් ඒ හේතුවෙන් ඔහු බලවත් කරදරයකට පත් වෙනවා. මේ කතාව එබඳු දෙයක් ගැනයි.

ඒ දිනවල අපගේ භාග්‍යවතුන් වහන්සේ වැඩ වාසය කොට වදාළේ සැවැත් නුවර ජේතවනයේ. ඔය කාලයේ බුදු සසුනේ පැවිදිව සිටි ඇතැම් භික්ෂූන් වහන්සේලා ඉන්ද්‍රිය සංවරයෙන් තොරව වාසය කළා. ඒ භික්ෂූන්ගේ පරිහානිය දුටු අපගේ භාග්‍යවතුන් වහන්සේ ඔවුන්ගේ යහපත පිණිස අවවාද කරන්ට සිත යොමු කොට වදාළා. අපගේ ආනන්දයන් වහන්සේ අමතා මෙසේ වදාළා.

"ආනන්දයෙනි, කිසිදු වෙනසක් නැතිව බාල, මධ්‍යම, මහලු සියලු භික්ෂූන් දම්සභා මණ්ඩපයට කැඳවන්ට."

"එසේය භාග්‍යවතුන් වහන්ස" කියා අපගේ ආනන්දයන් වහන්සේ සියලු භික්ෂූන් දම්සභා මණ්ඩපයට රැස් කරවා ඒ වග භාග්‍යවතුන් වහන්සේට දැනුම් දුන්නා.

භාග්‍යවතුන් වහන්සේ දම්සභා මණ්ඩපයට වැඩම කොට ධර්මාසනයේ වැඩ හිඳ භික්ෂූන් අමතා වදාළා.

"මහණෙනි, ගිහි ගෙය අත්හැර පැවිදි වූ තැනැත්තෙක් රූපාදී බාහිර අරමුණු සුභ නිමිති වශයෙන් පිළිඅරගෙන අයෝනිසෝ මනසිකාරයේ යෙදීම කොහෙත්ම වටින්නේ නෑ. ඉදින් මහණෙනි, රූපාදී අරමුණු විෂයෙහි සරාගී සිතක් පවත්වන අවස්ථාවක තමන් මරණයට පත් වුණොත් නිරයේ උපදිනවා.

එනිසා රූපාදී අරමුණු සුභ වශයෙන් සිතේ පිහිටුවාගන්ට එපා. භික්ෂුවක් වුණාම රූපාදී අරමුණුවලට ඇල්ම නොපැවැත්විය යුතුයි. රූපාදී අරමුණු ගොදුරු කරගෙන විසුවොත් මෙලොවදී ම මහා විනාශයකට පත් වෙනවා. ඒ නිසා රූපාදී අරමුණු කෙරෙහි රාග සිත් පවත්වනවාට වඩා ගින්නෙන් රත් වූ යකඩ පතුරකින් ඇස අතුල්ලා ගන්න එක උතුම්.

මහණෙනි, ඔබ රූප දකින වෙලාවල් තියෙනවා නොදකින වෙලාවලුත් තියෙනවා. රූප දකින වෙලාවට සුභ වශයෙන් නොදැක අසුභ වශයෙන් ම බලන්ට. එතකොට තමන්ගේ ගෝචර භූමිය අත්හැරෙන්නේ නෑ. මහණෙනි, තමන්ගේ ගෝචර භූමිය කුමක්ද? සතර සතිපට්ඨානය යි. ආර්ය අෂ්ටාංගික මාර්ගය යි. නවලෝකෝත්තර ධර්මය යි.

මහණෙනි, ඔය ගෝචර භූමියේ හැසිරෙන කොට මාරයාට තමාව වසඟ කරගන්ට අවස්ථාවක් ලැබෙන්නේ නෑ. ඉදින් තමන් කෙලෙසුන්ට වසඟ වෙලා සුභ වශයෙන් නිමිති ගනිමින් සිටියොත් පූතිමංස හිවලාට

වගේ තමන්ගේ ගොදුරු බිමෙන් පිරිහී යන්ට වේවි" කියා මේ අතීත කතාව ගෙනහැර දක්වා වදාළා.

"මහණෙනි, ගොඩාක් ඉස්සර කාලෙක බරණැස්පුරේ බ්‍රහ්මදත්ත නමින් රජ්ජුරු කෙනෙක් රාජ්‍ය කරමින් සිටියා. ඔය කාලේ හිමාලවනයේ පර්වත ගුහාවක නොයෙක් සිය ගණන් එළුවෝ වාසය කළා. ඒ එළුවන් වසන තැනට නුදුරින් පූතිමංස නමින් හිවලෙකුත් වේණියා නමින් හිවල්දෙනකුත් වාසය කළා. පූතිමංස හිවලා සිය බිරින්දෑ සමඟ ගොදුරු සොයමින් යද්දී අර එළු රංචුව දැක්කා. දැකලා 'මං මොනා හරි උපායකින් මේකුන්ව අනුභව කොරන්ට ඕනෑ' කියා සිතට ගත්තා. ඊට පස්සේ මේ හිවල් ජෝඩුව නොයෙක් උපායන්ගෙන් එක එක එළුවා බැගින් මරාගෙන කන්ට පටන්ගත්තා. දිගට එළුමස් කෑම නිසා දෙන්නා ඇඟපත මහත් වෙලා විශාල සිරුරු ඇති හිවල් ජෝඩුවක් බවට පත් වුණා. ක්‍රමයෙන් එළු පිරිස අවසන් වී ගියා.

ඒ එළුවන් අතර 'මේළමාතා' නමින් එක්තරා උපායශීලී ව්‍යක්ත එළුදෙනක් සිටියා. හිවලාට තවම ඈව මරාගන්ට බැරි වුණා. හිවලා හිවල්දෙන අමතා මෙහෙම කීවා. "මේ... සොඳුරී... එළු රැළ ඉවර වුණා. මොකාක්හරි උප්පරවැට්ටියක් දාලා අර එළුච්චීව කන්ට ම ඕනෑ. මේං මේකයි කෙරෙන්ට ඕනෑ. හරි... උඹ තනියම ඒකී ළඟට ගොහිං ඇඟෑලුම්කම් පාලා යාළුවෙයං. හොඳට හිතවත් නොවී මේ වැඩේ කරන්ට බෑ. ඉතිං හොඳට යාළු වුණාට පස්සේ මට කියාපං. මං මැරුණා වගේ බිම වැතිරිලා ඉන්නං. උඹ අඬා දොඩාගෙන එළුච්චි ගාවට ගොහිං "අනේ බලාපං මයෙ මිනිහා මළා. අයියෝ මං අනාථ

වුණා. මට වෙන කාත් කවුරුවත් නෑ. අනේ යෝදියේ වරෙං මාත් එක්ක යන්ට. අපි ගොහිං හිවලාගේ අවසන් කටයුතු කොම්මු!" කියා කියාපං. එතකොට හිත උණුවෙලා ඒකි ඒවි. මං පැනපු ගමන් බෙල්ල කඩලා මරඤ්ඤං.

නරිදෙන ඒ උපායට සතුටු වුණා. මේළමාතා එළුදෙන ළඟට ගිහිං යාළුකං හදාගත්තා. හොඳටම විශ්වාසෙ ඇති වුණාට පස්සේ නරිදෙන අර කතාව කීවා. එතකොට එළුදෙන මෙහෙම කීවා. "හනේ... මේ... තී මොනාද මේ දොඩන්නෙ. තිගේ මිනිහා නොවැ මයෙ ඤාති ඔක්කෝම කෑවේ. හාපෝ... මං භයයි. මට එන්ට බෑ."

"හිහ්... හී... හනේ හනේ... මේකිගේ භය! ඇයි යෝදියේ තේරෙන්නේ නැද්ද? මැරිලා පලච්ච එකෙක් තිට මක්කොරන්ට ද?"

"නෑ... තිගේ මිනිහා හරී නපුරුයි. මං තිගේ මිනිහාට භයයි."

නමුත් නරිදෙන වැඩේ අත්හැරියේ නෑ. දිගින් දිගටම ඇවිටිලි කරලා හිටං එළුදෙන කැමති කරවාගෙන යන්ට පිටත් වුණා. එළුදෙන ගියේ සැකෙන් ම යි. 'කොහොම කීවත් නරි කපටියි නොවැ' කියලා නරිදෙනව ඉස්සර කරගෙන හිවලා දෙස බලාගෙන ම ගියා. මැරිලා වගේ උන් හිවලාට සතුන්ගේ අඩි සද්දේ ඇහුණා. 'කෝ... මේ එළුච්චි එනවා වත් ද?' කියා හිස ටිකාක් ඔසොවා ඇස් කොනෙන් රහසේ බැලුවා. එළුදෙන ඒක දැක්කා. දැක්ක ගමන් "ඕ... මේකි මාව රැවැට්ටුවා. මැරුණා වගේ තමුන්නේ මිනිහාට ඉන්ට සලස්සා මාව බිල්ලට ගන්ට ඒ?" කියලා පලායන්ට පටන් ගත්තා. එතකොට නරිදෙන

"අනේ ඇයි උඹ දුවන්නේ?" කියා ඇසුවා. එළුදෙන මේ ගාථාව පැවසුවා.

(1). අනේ යෝදියේ උඹේ මිනිහගෙ බැල්ම -
මට නම් අල්ලන්නේ නෑ
මෙවැනි යාළුවන්ගෙ උපායෙන් -
ඈත් වෙන්ට ම යි මට ඕනෑ

මෙහෙම කියා එළුදෙන තමන්ගේ නවාතැනට ම හැරී ගියා. නරිදෙනත් ඈව නවත්තාගන්ට බැරි වීම ගැන කේන්තියෙන් තමන්ගේ සැමියා ළඟට ගිහින් කල්පනා කර කර ලැගගෙන හිටියා. එතකොට නරියා නරිදෙනට ගරහමින් මේ ගාථාව පැවසුවා.

(2). මේ වේණිට නම් පිස්සු ද මන්දා
තමන්ගෙ සැමියාගේ මිතුරිය දැන් එනවා කියලා
මළා වගේ දිගාවෙලා මටත් ඉන්ට කීවා
මේළමාතා හැරිලා ගියාට පස්සේ
ශෝකෙන් තැවි තැවී මේකි ලැගල ඉන්නවා

පූතිමංසගේ මේ චෝදනාවට ප්‍රතිචෝදනා දෙමින් වේණී නරිදෙන මේ ගාථාව පැවසුවා.

(3). හනේ හනේ යාළුවා උඹ නොවැ පිස්සා
උඹයි මෝඩයා උඹයි විමසන නුවණ නැති එකා
උඹ නොවැ මළා වගේ දිගෑදිලා වැතිරී සිටියේ
උඹ ම යි අවේලාවෙ ඒකි දිහා ඇස් ඇර බැලුවේ

"මහණෙනි, මේ විදිහට ම භික්ෂුවත් අවේලාවේ සුභ වශයෙන් අරමුණු ගත්තොත් එයින් ම පිරිහී යනවා. අසුභ වශයෙන් බැලීම ම යි නිසි කල බලනවා කියන්නේ" කියා භාග්‍යවතුන් වහන්සේ මේ ගාථාව වදාළා.

(4). නුවණැත්තා අවේලාවෙ සුභ වශයෙන් -
රූප දිහා නොමැත බලන්නේ
නිසි කල ඇති තතු පරිදි ම -
අසුභ දෙය ම නුවණින් විමසන්නේ
යමෙක් අවේලාවේ සුභ නිමිති අරං -
වැරදියට ම සිතුවෝතින්
පූතිමංසයා විලසටත් -
ඔහුටත් පසුතැවෙන්ට ම යි වෙන්නේ

ඊට පස්සේ වේණියා නරිදෙන පූතිමංසයාව අස්වසන්ට පටන්ගත්තා. "අනේ... ස්වාමී... ඔයා ඔය ගැන ඔතරම් මුසුප්පු වෙලා ඉන්ට කාරි නෑ. ඔයා සතුටින් ඉන්ට. මං කොහෝමහරි අරකිව ආපසු කැඳවාගෙන එන්නම්. මේ වතාවේ නම් ඔයා ඒකි ආ ගමන් ම අතපසු නොකොට ඩැහැගන්ට ම ඕනෑ හොඳේ."

ආයෙමත් නරිදෙන එළදෙන මුණ ගැහෙන්ට ගියා. "අනේ එදා තී ආ එක කොයිතරම් දෙයක් ද. මං නං හිතා උන්නේ මයෙ මිනිහා මළා ම කියලයි. හැබැයි තී ආ ගමන් එයාට සිහි ආවා. දැන් එයාට සනීපයි. මං එයාට කීවා තී ආවේ හිතවත්කොමට සැප දුක් බලන්ට කියල. අනේ අපි යං. වරෙං යන්ට. අපේ එක්කෙනාත් එක්ක පිළිසඳර බස් දොඩාපං" කියා මේ ගාථාව කීවා.

(5)

අනේ මගේ යෙහෙළියේ - තී මා හට ප්‍රියමනාප වේවා
තී මට දැන් සතුටු පඬුරු පාක්කුඩම් ගෙනැවිත් දීපං
අන්න මගේ ආදර සැමියාහට දැන් හොඳටම සනීපයි
ප්‍රියයන්ගේ සැපසනීප අසන්නියේ -
අනේ ඉතිං වරෙංකො යන්ට

මෙය ඇසූ මේළමාතා එළුදෙන කල්පනාවට වැටුණා. 'ම්... මේකි ආයෙමත් මාව රවටාගෙන යන්ටයි කුරුමානම් අල්ලන්නේ. හොඳයි... මාත් කරන්නම් කෝ වැඩක්' කියා මේ ගාථාව කීවා.

(6)

අනේ මගේ යෙහෙළියේ - තී මා හට ප්‍රියමනාප වේවා
හරි මං දැන් තිට පඬුරු පාක්කුඩම් අරගෙන එඤ්ඤං
මට සිටිනා විශාල පිරිවර සමගයි මේ වතාවෙ එන්නේ
අපි හැමෝටම රස බොජුනක් පිළියෙල කොට දීපං

එතකොට නරිදෙන මෙහෙම සිතුවා. 'හෑ... එතකොට මේකිට මහා පිරිසක් ඉන්නවා ඒ? මං අහන්ට ඕනෑ මේකිගේ පිරිසේ විස්තර' කියා මේ ගාථාව ඇසුවා.

(7)

තිගේ ඉන්න පිරිවර කොයි වාගෙ ඇයො ද?
උන්දැලාට මං හදන්නෙ කොයි වාගෙ බොජුන් ද?
ඒ හැමට ම තියෙන්නෙ මොන වාගේ නම් ද?
තී මේ ගැන මා හට පිළිතුරු දෙනවා ද?

එතකොට මේළමාතා මෙසේ පිළිතුරු දුන්නා.

(8). මාලිය, චතුරක්ඛ, සිඟාලිය ද ජම්බුක
කියලා මහසුනඛයො සිව් දෙනෙක් ඉන්නවා
එකාට පන්සීය බැගින් සුනඛ පිරිස ඉන්නවා
මාගේ මේ මුළු පිරිසට රසවත් බොජුන් හදාපං

හැබැයි යෝදියේ මං මයේ පිරිස එක්ක එනකොට එයාලාව බඩගින්නේ තියන්ට හොඳ නෑ. කෑම්බීම් නැති වුණොත් උඹලා දෙන්නාව මරා කාවි."

එතකොට නරිදෙන හොඳටෝම භය වුණා. 'හපොයි හපොයි... මේ වැඩෙන් අපි දෙන්නා ම විනාශ වේවි. මොකාක්හරි උපායකින් මග හරින්ට ඕනෑ' කියා සිතා මෙහෙම කීවා.

(9)

තිගේ ගෙදර නොයෙකුත් බඩු මුට්ටු තියෙනවා නේ
තී එහෙ මෙහෙ ගිය විට ඒවා වැනසෙනවානේ
එනිසා තී එන්ට ඕනැ නෑ ඉන්නා තැනට වී හිටිං
තී සැපදුක් ඇසූ විට නරියට මං ම කියඤ්ඤං

කියලා නරිදෙන එතැනින් හෙමිහිට මග ඇරලා වේගයෙන් තම සැමි නරියා ළඟට දිව්වා. දුවලා නරියත් කැටුව ඒ පලාත අත්හැර පලා ගියා. නැවතත් ඒ පැත්ත පලාතේ එන්ට භය වුණා.

"මහණෙනි, එදා ඒ සියල්ල දුටු වෘක්ෂදේවතාවෙක් වෙලා වනස්පතී වෘක්ෂයක වාසය කළේ මම" යි කියා භාග්‍යවතුන් වහන්සේ මේ ජාතකය නිමවා වදාළා.

12. තිත්තිර ජාතකය

බෝසත් වටුවාගේ කතාව

පින්වතුනේ, පින්වත් දරුවනේ,

ඒ දිනවල අපගේ භාග්‍යවතුන් වහන්සේ වැඩ වාසය කොට වදාළේ රජගහනුවර ගිජ්ඣකූට පර්වතයේ. එදා දම්සභා මණ්ඩපයට රැස්වූ භික්ෂූන් වහන්සේලා දේවදත්ත විසින් භාග්‍යවතුන් වහන්සේ කෙරෙහි බද්ධ වෛරීව කරනු ලබන නොයේක් හිංසාකාරී දේ ගැන කතා කරමින් සිටියා.

"අනේ බලන්ට ඇවැත්නි, මේ දේවදත්තයාගේ ලැජ්ජා නැතිකොම, අසත්පුරුෂකොම. එයාහු තමන්ගේ හාස්කම් පෙන්නා අජාසත්ව රවටා ගත්තා. ඔහුත් මොහු කියන කියන දෙයට අනුබල දෙනවා. බලන්ට... එක් වතාවක් අනේක ගුණසම්පත්තියෙන් බබලන අපගේ භාග්‍යවතුන් වහන්සේව ඝාතනය කරවන්ට දුනුවායෝ එව්වා. ඒක හරිගියේ නෑ. ඊට පස්සේ නාලාගිරි ඇත්රජාව රා පොවලා මත් කරවා අපගේ භාග්‍යවතුන් වහන්සේ වඩින මාවතට මුදා හැරියා. ඒක හරි ගියෙත් නෑ. ඊළඟට තමන් ම ගිජුකුළු පව්වට නැගගෙන ගලක් පෙරලුවා. ඒක හරිගියේත් නෑ. මේ පුද්ගලයාගේ අවසානයක් නැති පලිගැනීමක හැටි."

ඒ අවස්ථාවේ භාග්‍යවතුන් වහන්සේ දම්සභා මණ්ඩපයට වැඩම කොට පනවන ලද අසුනේ වැඩ සිටියා. භික්ෂූන් වහන්සේලා තමන් කතා කරමින් සිටි කරුණ භාග්‍යවතුන් වහන්සේට සැලකළා. භාග්‍යවතුන් වහන්සේ මෙසේ වදාළා. "මහණෙනි, ඔය දේවදත්ත තථාගතයන්ව වැනසීමට වෑයම් කරන්නේ හුදෙක් මේ ආත්මයේ විතරක් නොවේ. පෙරත් වෑයම් කළා. හැබැයි මේ ආත්මේ නම් තථාගතයන් තුළ තැතිගැනීම් මාත්‍රයක්වත් උපදවන්ට ඔහුට බැරි වුණා" කියා මේ අතීත කතාව ගෙනහැර දක්වා වදාළා.

"මහණෙනි, ගොඩාක් ඉස්සර කාලෙක බරණැස්පුරේ බ්‍රහ්මදත්ත නමින් රජ්ජුරු කෙනෙක් රාජ්‍ය කරමින් සිටියා. ඔය කාලේ බරණැස දිසාපාමොක් ආචාර්යවරයා පන්සියයක් බ්‍රාහ්මණ තරුණයන්ට ශිල්ප ශාස්ත්‍ර උගන්වමින් සිටියා. දවසක් ඔහු මෙහෙම සිතුවා.

'මට මේ නගරයේ වාසය කිරීම හරි කරදරයි. තරුණ පිරිසට ශිල්ප ඉගැන්වීමත් අවසන් කරන්ට බැරි උනා. මීට හොඳයි මං හිමාල පෙදෙසට ගොහිං වනාන්තරේ වාසය කරමින් එහෙට වෙලා ශිල්ප උගන්වන එක.'

ඉතින් දිසාපාමොක් ආචාර්යවරයා මානවකයන්ට තමන්ගේ අදහස කීවා. තල, සහල්, ගිතෙල් ආදිය ගෙන්වාගෙන හිමාල වනයට ගියා. ගමන් මාර්ගයට නුදුරු තැනකින් කුටියක් කරවාගෙන එහි පදිංචි වුණා. මානවකයිනුත් ඇවිත් තම තමන්ට කුටි කරවාගත්තා. දැන් තරුණයින්ගේ ඥාතීන් සහල් ආදී කුළුබඩු ආරණ්‍යයට එවනවා.

බරණැස් වාසීන්ටත් ආරංචි වුණා දිසාපාමොක් ආචාර්යපාදයෝ වනාන්තරේ අසවල් පළාතේ කුටි සෙනසුන් කරවාගෙන මානවකයන්ට ශිල්ප උගන්වනවා කියලා. ඔවුනුත් ගිතෙල්, සහල් ආදිය ගෙනැවිත් දෙනවා. කාන්තාර මග යන උදවියත් අවශ්‍ය වියළි ආහාර දෙනවා. තවත් පුරුෂයෙක් කිරි ගැනීම පිණිස පැටියා ඉන්න වැස්සියෙකුත් දුන්නා.

දිසාපාමොක් ආචාරීන්ගේ කුටිය අසල පැටව් දෙන්නෙක් එක්ක එක්තරා තලගොයෙක් වාසය කරනවා. සිංහයෙකුයි ව්‍යාඝ්‍රයෙකුයි ඔහුට උපස්ථාන කරන්ට එනවා. එහි නිතරම රැඳී වාසය කරන එක්තරා වටුකුරුල්ලෙකුත් ඉන්නවා. ඔය වටු කුරුල්ලා දිසාපාමොක් ආචාරීන් මානවකයන්ට වේදමන්ත්‍ර උගන්වනවා අසාගෙන ඉඳලා තුන්වේදය ම කටපාඩමින් කියන්ට ඉගෙන ගත්තා. වටුකුරුල්ලා මානවකයන්ට ඉතාමත් විශ්වාසවන්ත වුණා.

මෑත කාලයේ මානවකයන්ගේ ශිල්ප ශාස්ත්‍ර ඉගෙනීම අවසන් නොවී තිබියදී ම ආචාර්යපාදයෝ අභාවප්‍රාප්ත වුණා. මානවක පිරිස සිය ආචාර්යපාදයන්ගේ සිරුර ආදාහනය කරලා වැලි ගොඩගසා ස්ථූපයක් තැනුවා. ඒ ස්ථූපයට නොයෙක් මල් පුදමින් හඬා වැලපෙමින් සිටියා. වටු කුරුල්ලා මොවුන් ළඟට ඇවිත් මෙසේ ඇසුවා.

"මානවකයෙනි, තොප ඔයතරම් ම හඬා වැලපෙන්නේ මක් නිසා ද?"

"අනේ මිත්‍රයා, අපගේ ආචාර්යපාදයෝ කලුරිය කළේ අපි ශිල්ප ශාස්ත්‍ර ඉගෙන තවම අවසන් නැතිව සිටිද්දී නොවැ. ඒකයි අපට මේ තරම් වේදනා."

"නෑ... මානවකයෙනි, තොපට ඔතරම් දුක් ගන්ට කාරි නෑ. මං තොපට උගන්වන්නම්."

"හෝ... හරි පුදුමයි නොවැ. වටු කුරුල්ලාණෙනි, ඔහේ කොහොමෙයි වේදය දන්නේ?"

"ඇයි අපගේ ආචාර්යපාදයෝ තොපට උගන්වද්දී මාත් ළඟ ඉඳන් අසා සිටියා නොවැ. මට තුන්වේදය ම හොඳට ප්‍රගුණයි."

"හරි එහෙනම්, තමන්ගේ ප්‍රගුණත්වය අපට පෙන්වන්ට ඇහැකි ද?"

"ඕ... එහෙනම් අසාගනිල්ලා" කියා සියලු ගැටළු තැන් විසඳමින් පර්වතයකින් නදියක් ගලා බස්නා සෙයින් නොනවත්වා ම වේදමන්ත්‍ර කියාගෙන ගියා.

දැන් මානවකයන්ට හරි සතුටුයි. ඔවුන් මේ තිත්තිර පණ්ඩිතයාණන් සමීපයෙහි ශිල්ප හදාරන්ට පටන් ගත්තා. දිසාපාමොක් ආචාර්යපාදයන්ගේ ඨානාන්තරයට පත් වුණා තිත්තිරපණ්ඩිත නමැති මේ නුවණැති වටුකුරුල්ලා. එතකොට මානවකයෝ තමන්ගේ ආදරණීය තිත්තිර පණ්ඩිතයාට රනින් කූඩුවක් තනවා දුන්නා. උඩට උඩුවියන් ඇද්දා. රන් තැටියක දැමූ විළඳ මී පැණි දුන්නා. නොයෙක් මලින් තිත්තිර පණ්ඩිතයන්ට පූජා පවත්වමින් මහත් සත්කාර සම්මාන කළා. මහා නුවණැති වටුකුරුල්ලෙක් ආරණ්‍යයක නැවතී පන්සියයක් මානවකයින්ට වේදමන්ත්‍ර උගන්වනවා කියා මුළු ජම්බුද්වීපයේ ම ප්‍රසිද්ධ වුණා.

ඔය කාලේ දඹදිව ගිරග්ගසමජ්ජ නමින් මහා උත්සවයක් පැවතුණා. එතකොට තරුණ මානවකයන්ගේ දෙමාපියෝ උත්සවේ බලන්ට එන්ට කියා පණිවිඩ එව්වා.

එතකොට මානවකයෝ එකරුණ තිත්තිර පණ්ඩිතයන්ට දැනුම් දුන්නා. තලගොයා කැඳවා මෙහෙම කීවා. "ගෝධයෙනි, ඕං අපේ තිත්තිර පණ්ඩිතයොත්, මුළු ආශ්‍රමපදයත් තොපට භාරයි. අපි උත්සවේ අවසන් වුණා ම එනවා" කියා තම තමන්ගේ නගරවලට ගියා.

දවසක් එක්තරා දුෂ්ට තාපසයෙක් ඒ ඒ තැන ඇවිද ඇවිද යද්දී මෙතනටත් ආවා. තලගොයා ඔහු දැක ගරුසරු දක්වා ඔහුව පිළිගත්තා. "භවත් තාපසය, අාං අසවල් තැන සහල් තියෙනවා. අසවල් තැන තෙල් තියෙනවා. අසවල් තැන ලුණු ආදිය තියෙනවා. බත් පිසගෙන අනුභව කළ මැනව" කියා ගොදුරු සොයාගෙන පිටත්ව ගියා.

මේ දුෂ්ට තවුසා පාන්දරින් ම බතක් උයාගත්තා. තලගොයි පැටව් දෙන්නා මරාගෙන පිසගෙන බත් කෑවා. දාවලට තිත්තිර පණ්ඩිතයන්වයි වසුපැටියාවයි මරාගෙන අනුභව කළා. සවස ගව දෙන ආවා දැකලා ඇයවත් මරාගෙන මස් තම්බා කෑවා. ගස් සෙවණේ හාන්සිවෙලා ගොරොද්දේ ඇද ඇද නිදන්ට පටන් ගත්තා.

සවස් වෙලා තලගොයා ඇවිත් පැටව් දෙන්නා පෙනෙන්ට නැති නිසා විපරම් කර කර සෙව්වා. එතකොට දරුවන් නොදැක කම්පා වෙමින් ඉන්නා තලගොයාව දැකපු වෘක්ෂදේවතාවෙක් දිව්‍යානුභාවයෙන් අතු අතරේ සිට මෙහෙම කීවා. "අනේ තලගොයෝ, දැන් කම්පා වෙලා පලක් නෑ. මේ පව්ටු පුද්ගලයා තොපගේ දරුදෙන්නාත්, තිත්තිර පණ්ඩිතයන්වත්, වසුපැටියාවත්, වැස්සිවත් මරාගත්තා. මේකාගේ බෙල්ල හපා ජීවිතක්ෂයට පත් කරපං" කියා මේ ගාථාව පැවසුවා.

(1). අනේ තලගොයෝ තොප දුන් -
සහලින් බතකුත් පිසගෙන
තොපගේ නිර්දෝෂී දරුවන් -
මරා කෑවේ ඔය කූට ජටිලයා
දළින් සපා ඔය පව්ටාගේ ගෙල -
පණ පිටින් යන්ට නං තියන්ටෙපා

එතකොට තලගොයා ඒ දෙවියාට මේ ගාථාවන් පැවසුවා.

(2). පවින් වැකී ගිය අසත්පුරුෂයා
කිරි මව ළඟ ඇති අසූචි තැවරුණු රෙද්ද වගෙයි
මොහුගේ සිරුරේ යම් කිසි තැනකට
දළින් සපා පහරක් දෙන්නට නම්
එසේ සපන්නට තරම් සුදුසු තැනක්
මේකාගේ සිරුරේ නැත්තේ

(3). කළ උපකාරය ගැන සිහි නොවෙනා
අනුන්ගෙ වරද ම හැම විට පෙනෙනා
අසත්පුරුෂයාට මුළු ලොව දුන්නත්
කිසිදා සෑහීමකට පත් නොවේ

තලගොයා මෙසේ කියා 'දැන් මේ කූට ජටිලයා අවදි වුණොත් මාවත් මරාගෙන කාවි' කියා තමන්ගේ ජීවිතය රැකගන්ට පලා ගියා. වනේ සිටිය සිංහයාත් ව්‍යාඝ්‍රයාත් තිත්තිර පණ්ඩිතයන්ගේ මිතුරෝ. කලින් කලට ඔවුන් ඇවිත් තිත්තිර පණ්ඩිතයන්ව මුණ ගැහෙනවා. ඇතැම් අවස්ථාවල තිත්තිර පණ්ඩිතයෝ ඔවුන් ඉන්නා තැනට ගොහින් බණ කියලා එනවා.

එදා සිංහයා ව්‍යාඝ්‍රයා අමතා මෙහෙම කිව්වා.

"මිත්‍රයා, අපගේ තිත්තිර පණ්ඩිතයන්ව කාලෙකින් නොවැ දැක්කේ. අදට දවස් හත අටක් උනානේ. ඔහේ ගොහිං උන්නැහේගේ සැපදුක් බලා එනව ද?"

"බොහෝම හොඳා" කියා ව්‍යාඝ්‍රයා ගිහින් තලගොයා පලාගිය තැනට ඇවිත් බලද්දී කූට ජටිලයෙක් නිදා ඉන්නවා පෙනුනා. ඔහුගේ ජටාවේ තිත්තිර පණ්ඩිතයන්ගේ පිහාටු දකින්ට තිබුණා. පැත්තක ගවදෙනගේත් වසුපැටියාගේත් ඇටකටු දකින්ට තිබුණා. ඒ හැමදෙයක් ම දැක්ක ව්‍යාඝ්‍රයා රන් කූඩුව ළඟට ගියා. තිත්තිර පණ්ඩිතයන්ව දැකගන්ට නෑ. 'මේ පව්ටා තමයි එයාලාව මරාගෙන කන්ට ඇත්තේ' කියා සිතා පාදයෙන් පහර දී කූට ජටිලයාව නැගිට්ටුවා.

ඔහු අවදි වෙලා ව්‍යාඝ්‍රයාව දැකලා භීතියටත් තැතිගැනීමටත් පත්වෙලා පස්සෙන් පස්සට ගියා. ව්‍යාඝ්‍රයා තර්ජනය කළා. "කියාපිය, තෝ නේද මේ උදවිය මරාගෙන කෑවේ?"

"මො... මොන... මං කවරදාකවත් සතෙක් මරන්නෙත් නෑ. මස් කන්නෙත් නෑ."

"ඒයි පව්ටා... තෝ මැරුවේ නැත්තං මෙහෙ වෙන කවුද මෙයාලව මරන්ට ඉන්නේ. ඇත්ත කියාපිය. තෝ ඇත්ත නොකීවොත් ඒක ම යි තොගේ අවසානේ!"

"ආහ්... න්... නෑ... ඔ... ස්... ස්වාමී... හරි... හරි... මං... කියඤ්ඤං... තලගොයි පැටව් දෙන්නා... මී... ඊළඟට... ඔව්... වහු පැටියා... වැ... වැස්සී... ඔව්... ඔච්චරයි මං මරා කෑවේ... අනේ තිත්තිර පණ්ඩිතයාව නම් මං... මැ... මැරුවේ නෑ... සත්තකින්!"

"ඈ පවිටෝ... තෝ කවුද? තෝ කොහේ ඉඳන් ද ආවේ...?"

"ස්වාමී... මං... කළිඟු රටේ වෙළෙන්දන්ගේ බඩු මුට්ටු කර ගසාපු එකෙක්. මට ඒ රස්සාව එපා වුණා. ඊට පස්සේ මේ මේ වැඩ කළා. ඊට පස්සේ තමයි මේ තාපසකොමට බැස්සේ. අදයි මං මෙහෙ ආවේ."

"ඈ පවිටෝ... දැන් තෝ කරාපු සෑම පාප කර්මයක් ගැන ම කිව්වා. අපගේ තිත්තිර පණ්ඩිතයන්ව තෝ නොමරා වෙන කවුරුද මරන්නේ? වර යන්ට. මෘගරාජ වූ සිංහයා ළඟට. තොපට එතැනදී ඇත්ත කියන්ට වේවි."

සිංහයා තමන් ළඟට කූට ජටිලයෙකුව අරගෙන එන ව්‍යාඝ්‍රයා දැක මේ ගාථාව කීවා.

(4). සුබාහු යන නම් ලද ව්‍යාඝ්‍රය,
ඇයි තොප මේ හරි කලබලයෙන්
පුරුෂයෙකුත් සමඟින් ආපසු හැරී එන්නේ
කිසියම් කටයුත්තක් මෙහි තිබේ ද
මා විමසන මෙය පහදා දෙනු මැන

එතකොට ව්‍යාඝ්‍රයා මේ ගාථාවෙන් සිංහයාට පිළිතුරු දුන්නා.

(5). තොප හට මිතුරුව සිටියා නොවෙදෝ
යහපත් ගුණ ඇති නුවණැති වටු කුරුල්ලෙක්
ඔහු ලක්වී ඇත මහ අනතුරකට, මට එහි සැක ඇත
මේ පුරුෂයා කරපු කෙරුම් අසාගත්ත මං
අද අපගේ ඒ තිත්තිර පණ්ඩිතයාණෝ
සැපසේ සිටිති'යි මට නං නොසිතේ

එතකොට සිංහයා මේ ගාථාව පැවසුවා.

(6)

මේ පුරුෂයා කරපු කෙරුම් තොප අසාගත්ත කීවා
ජීවත් වෙන්නට මොහු කෙරුවේ -
මොන මොන දේවල් දෝ
මොන ප්‍රතිඥාවක් ලබාගෙන ද තොප මොහුගෙන්
අපගේ තිත්තිර පණ්ඩිතයා මොහු විසින් ම
මරා දමන්නට ඇතැයි සිතන්නේ

එතකොට ව්‍යාඝ්‍රයා මොහුගෙන් අසාගත් විස්තර මෙසේ පහදා දුන්නා.

(7)

මේකා කරග්ගසා තියෙන්නේ කළිඟු රටේලූ
වෙළඳාමෙන් කළ පුරුද්ද ඇත්තේ
වේවැල් ගස් ඇති කාණුවලත් ඇවිදලා තියෙන්නේ
පිණුම් ගැසීමේ පුරුද්ද ඇත්තේ
කෙවුලන් හා දැල් දමලා ඇත්තේ
මුගුරින් කරනා සටනුත් කර ඇත්තේ

(8). කුරුළු දඩයමෙත් ගොස් ඇත්තේ
කඩේක බඩු කිරලා ඇත්තේ
සූදුවෙනුත් දිනලා ඇත්තේ
පැවිදි වෙලා සිල් ඉක්මවලා ඇත්තේ
මැදියම් රෑ ලේ වැගිරීම් නවතා ඇත්තේ
පිඬු සිඟා යැපෙද්දී උණුබත් අතට පිළිගෙන
මේකාගේ අත් පිළිස්සිලා ඇත්තේ

(9)

ජීවත්වෙනු වස් මේකා කළ දේ හොඳට අසාගත්තා
තිත්තිර පණ්ඩිතයන්ගේ පිහාටු මොහුගෙ ජටාවේ දැක්කා
වැස්සියි පැටියයි මොහුගෙ අතින් මරණය දැක්කා
කිම මේකාගෙන් තිත්තිර පණ්ඩිතයන් හට -
බේරුමක් ලැබේදෝ

එතකොට සිංහයා ජටිලයාට තර්ජනය කළා. "හරි... දැන් ඇත්ත කියාපිය. තෝ නේද අපගේ තිත්තිර පණ්ඩිතයන්ව මැරුවේ?"

"එහෙමයි ස්වාමී."

මේ සත්‍ය වචනය ඇසූ සිංහයාට මොහුව නිදහස් කිරීමේ අදහස ඇති වුණා. එතකොට ව්‍යාඝ්‍රයා "මේකා නම් මරා දැමිය යුතු එකෙක් ම යි. මේකා පව්ටෙක්" කියා එසැණින් දතින් පහර දී වලකට දැම්මා.

උත්සවේ අවසන් වුණාට පස්සේ තරුණයෝ එහි ආවා. සිදු වී ඇති දෙයින් මහත් සේ කම්පාවට පත් වුණා. තිත්තිර පණ්ඩිතයන් මරණයට පත් වී ඇති බව දැන හඬා වැලපී ආපසු හැරී ගියා.

මහණෙනි, කලින් ආත්මයේත් දේවදත්ත ඔය විදිහටත් මාව විනාශ කරලා තියෙනවා. මහණෙනි, එදා කූට ජටිලයා වෙලා සිටියේ දේවදත්ත. තලගොයා වෙලා සිටියේ කිසාගෝතමී. ව්‍යාඝ්‍රයා වෙලා සිටියේ අපගේ මහා මොග්ගල්ලානයෝ. සිංහයා වෙලා සිටියේ අපගේ සාරිපුත්තයෝ. දිසාපාමොක් ආචාරීන් වෙලා සිටියේ අපගේ මහා කස්සපයෝ. නුවණැති වටුකුරුල්ලා

හෙවත් තිත්තිර පණ්ඩිතයෝ වෙලා සිටියේ මම" යි කියා භාග්‍යවතුන් වහන්සේ මේ ජාතකය නිමවා වදාළා.

පළමුවෙනි ගිජ්ඣ වර්ගය යි.

නවවෙනි නිපාතය අවසන් විය.

මහාමේඝ ප්‍රකාශන

- **ත්‍රිපිටක පොත් වහන්සේලා :**

01. **දීඝ නිකාය 1 කොටස**
    (සීලක්ඛන්ධ වර්ගය)
02. **දීඝ නිකාය 2 කොටස**
    (මහා වර්ගය)
03. **දීඝ නිකාය 3 කොටස**
    (පාථික වර්ගය)
04. **මජ්ඣිම නිකාය 1 කොටස**
    (මූල පණ්ණාසකය)
05. **මජ්ඣිම නිකාය 2 කොටස**
    (මජ්ඣිම පණ්ණාසකය)
06. **මජ්ඣිම නිකාය 3 කොටස**
    (උපරි පණ්ණාසකය)
07. **සංයුත්ත නිකාය 1 කොටස**
    (සගාථ වර්ගය)
08. **සංයුත්ත නිකාය 2 කොටස**
    (නිදාන වර්ගය)
09. **සංයුත්ත නිකාය 3 කොටස**
    (ඛන්ධක වර්ගය)
10. **සංයුත්ත නිකාය 4 කොටස**
    (සළායතන වර්ගය)
11. **සංයුත්ත නිකාය 5 කොටස**
    (මහා වර්ගය - 1)
12. **සංයුත්ත නිකාය 5 කොටස**
    (මහා වර්ගය - 2)
13. **අංගුත්තර නිකාය 1 කොටස**
    (ඒකක, දුක, තික නිපාත)
14. **අංගුත්තර නිකාය 2 කොටස**
    (චතුක්ක නිපාත)
15. **අංගුත්තර නිකාය 3 කොටස**
    (පඤ්චක නිපාත)
16. **අංගුත්තර නිකාය 4 කොටස**
    (ඡක්ක, සත්තක නිපාත)
17. **අංගුත්තර නිකාය 5 කොටස**
    (අට්ඨක, නවක නිපාත)
18. **අංගුත්තර නිකාය 6 කොටස**
    (දසක, ඒකාදසක නිපාත)
19. **ඛුද්දක නිකාය 1 කොටස**
    (ඛුද්දකපාඨ පාළි, ධම්මපද පාළි,
    උදාන පාළි, ඉතිවුත්තක පාළි)
20. **ඛුද්දක නිකාය 2 කොටස**
    (විමාන වත්ථු , ප්‍රේත වත්ථු)

- **ධර්ම දේශනා ග්‍රන්ථ :**

01. කියන්නම් සෙනෙහසින් මිය නොයන් හිස් අතින්
02. තෝරාගනිමු සැබෑ නායකත්වය
03. දම් දියෙන් පණ දෙව් විමන් සැප
04. ගිහි ගෙයි ඔබ ඇයි?
05. මෙන්න නියම දේවදූතයා
06. අතරමං නොවීමට...
07. සුන්දර ගමනක් යමු
08. ලෙඩ දුක් වලින් අත්මිදෙමු
09. ලෝකය හැදෙන හැටි
10. මරණය ඉදිරියේ අසරණ නොවීමට නම්
11. අපේ නව වසර බුද්ධ වර්ෂයයි
12. සැබෑ බිරිඳ කවුද?
13. රහතුන්ගේ ධර්ම සාකච්ඡා
14. සැබෑ දියුණුවේ රන් දොරටුව
15. ස්වර්ණමාලී මහා සෑ වන්දනාව
16. ගෞතම සසුනේ පිහිට ලබන්නට...
17. පින සහ අවබෝධය
18. සැබෑ බසින් මෙම සෙත සැලසේවා !
19. සුගතියට යන සැලැස්මක්
20. පිනක මහිම

- **සදහම් ග්‍රන්ථ :**

01. පිරුවානා පොත් වහන්සේ
02. ඔබේ සිත සමඟ පිළිසඳරක්
03. සිතට සුවදෙන භාවනා
04. පින් මතුවෙන වන්දනා
05. ශ්‍රී සම්බුද්ධත්ව වන්දනා
06. සිරි ගෞතම බෝධි වන්දනාව
07. අසිරිමත් පසේබුදු පෙළහර
08. අනේ..! අපේ කථාවත් අහන්න...
09. ධාතුවංශය
10. නුවණැතියන් සද්ධර්මයට පමුණුවන අසිරිමත් පොත් වහන්සේ - නෙත්තිප්පකරණය
11. මහාවංශය
12. පාළි-සිංහල මහා සතිපට්ඨාන සූත්‍ර දේශනාව
13. ප්‍රජාපතී ගෞතමී මහරහත් තෙරණින් වහන්සේ පිරිනිවන් පෑ අවසන් මොහොත!

● ජාතක කථා පොත් පෙළ :

කොටස් වශයෙන් පළවන, ජාතක පොත් වහන්සේට අයත් කතා වස්තූන් "නුවණ වැඩෙන බෝසත් කථා" නමින් පොත් 42 ක් මේ වන එළිදක්වා ඇත.

● අලුත් සදහම් වැඩසටහන :

01. දුක් බිය නැති ජීවිතයක්
02. දස තථාගත බල
03. දෙව්ලොව උපත රැකවරණයකි
04. නුවණ වැඩීමට පිළියමක්
05. ලොවෙහි එකම සරණ
06. මෙන්න දුකේ රහස
07. නුවණ ලැබීමට මුල් වන දේ
08. නිවැරදි ලෙස දහම දැකීම
09. මොකක්ද මේ ක්ෂණ සම්පත්තිය?
10. පඤ්ච උපාදානස්කන්ධය
11. ප්‍රඥාවමයි උතුම්
12. නුවණින් විමසීම අපතේ නොයයි
13. පිහිටක් තියෙනවා ම යි
14. කොහොමද පිහිට ලැබගන්නේ...?
15. බුදු නුවණින් පිහිට ලබමු
16. අසිරිමත් දහම් සාකච්ඡා
17. දිව්‍ය සභාවක අසිරිය
18. ආර්ය ශ්‍රාවකයාගේ අවබෝධය
19. අසිරිමත් මහාකරුණාව!
20. විස්මිත පුහුණුව
21. අපට සොඳ ය සියුම් නුවණ
22. දුකෙන් මිදෙන්ට ඕනෑ නැද්ද?
23. නුවණැත්තෝ දකිති දහම
24. තමාට වෙන දේ තමාවත් නොදනියි
25. දැන ගියොත් තිසරණයේ, නොදැන ගියොත් සතර අපායේ
26. විහින් අමාරුවේ වැටෙන්න එපා!
27. නුවණින් ම යි යා යුත්තේ
28. සැබෑ පිහිට හඳුනාගනිමු

● සදහම් සිතුවම් පොත් පෙළ :

01. ඡත්ත මාණවක
02. බාහිය දාරුචීරිය මහරහතන් වහන්සේ
03. පිණ්ඩෝල භාරද්වාජ මහරහතන් වහන්සේ
04. සුමන සාමණේර
05. අම්බපාලී මහරහත් තෙරණියෝ
06. රට්ඨපාල මහරහතන් වහන්සේ
07. සක්කාර නුවර මසුරු කෝසිය
08. කිසාගෝතමී
09. උරුවේල කාශ්‍යප මහරහතන් වහන්සේ
10. සංකිච්ච මහරහතන් වහන්සේ
11. සුප්පබුද්ධ කුෂ්ඨ රෝගියා
12. නිවී ගිය සේක බුද්ධ දිවාකරයාණෝ
13. සුමන මල් වෙළෙන්දා
14. කාලි යක්ෂණිය
15. මුගලන් මහරහතන් වහන්සේ
16. ලාජා දෙවඟන
17. ආයුවඩ්ඪන කුමාරයා
18. සන්තති ඇමති
19. මහධන සිටුපුත්‍රයා
20. අනේපිඬු සිටුතුමා
21. නන්ද මහරහතන් වහන්සේ
22. මණිකාර කුළුපග තිස්ස තෙරණුවෝ
23. විශාඛා මහෝපාසිකාව
24. පතිපූජිකාව
25. සිරිගුත්ත සහ ගරහදින්න
26. මහාකස්සප මහරහතන් වහන්සේ
27. අහෝ දෙව්දත් නොදිටි මොක්පුර
28. භාගිනෙය්‍ය සංඝරක්ඛිත මහරහතන් වහන්සේ
29. උදලු කෙටිය
30. සාමාවතී සහ මාගන්දියා
31. සිරිමා
32. බිළාලපාදක සිටුතුමා
33. මඟවා හිමි වූ සක්දෙවිඳු
34. ආනන්දය, සර්පයා දුටුවෙහි ද?
35. සුදොවුන් නිරිඳු
36. සුමනා දේවිය
37. නමෝ බුද්ධාය
38. චෝරඝාතක
39. සිඳුරු පහේ ගෙදර
40. අග්ගිදත්ත බ්‍රාහ්මණයා
41. කාලදේවල තවුසා

● ඉංග්‍රීසි භාෂාවට පරිවර්තනය වී ඇති ධර්ම දේශනා ග්‍රන්ථ :

01. Mahamevnawa Pali-English Paritta Chanting Book
02. The Wise Shall Realize
03. The life of Buddha for children
04. Buddhism

- ඉංග්‍රීසි භාෂාවට පරිවර්තනය වී ඇති සූත්‍ර දේශනා ග්‍රන්ථ :

01. Stories of Ghosts
02. Stories of Heavenly Mansions
03. Stories of Sakka, Lord of Gods
04. Stories of Brahmas
05. The Voice of Enlightened Monks
06. The Voice of Enlightened Nuns
07. What Does the Buddha Really Teach? (Dhammapada)
08. What Happens After Death - Buddha Answers
09. This Was Said by the Buddha
10. Pali and English Maha Satipatthana Sutta

- ඉංග්‍රීසි භාෂාවට පරිවර්තනය වී ඇති සදහම් සිතුවම් පොත් :

01. Chaththa Manawaka
02. The Great Arhant Bahiya Darucheeriya
03. The Great Arhant Pindola Bharadvaja
04. Sumana the Novice monk
05. The Great Arahath Bikkhuni Ambapali
06. The Great Arahant RattApala
07. Stingy Kosiya of Town Sakkara
08. Kisagothami
09. Sumana The Florist
10. Kali She-devil
11. Ayuwaddana Kumaraya
12. The Banker Anathapindika
13. The Great Disciple Visākhā
14. Siriguththa and Garahadinna

පූජ්‍ය කිරිබත්ගොඩ ඤාණානන්ද ස්වාමීන් වහන්සේ විසින් රචිත
සියලුම සදහම් ග්‍රන්ථ සහ ධර්ම දේශනා ලබාගැනීමට

අංක 70/A/7/OB, YMBA ගොඩනැගිල්ල, බොරැල්ල, කොළඹ 08
දුර : 077 47 47 161 / 011 425 59 87
ඊ-මේල් : thripitakasadahambooks@gmail.com

www.ingramcontent.com/pod-product-compliance
Lightning Source LLC
LaVergne TN
LVHW020443070526
838199LV00063B/4831
9789556871784